BESTSELLER

J. Jesús Esquivel es licenciado en Periodismo por la Escuela de Periodismo Carlos Septién García.

Desde 1988 es corresponsal en Washington D. C., acreditado ante la Casa Blanca y el Congreso federal de los Estados Unidos. Actualmente es corresponsal de la revista *Proceso*, colaborador del programa de radio *Aristegui Noticias*, articulista y columnista en la revista *El Chamuco*.

También ha publicado en diversos medios internacionales y es el único periodista extranjero que sin ser colaborador publicó un artículo en la primera plana de la versión impresa del periódico estadounidense *The New York Times* y participó en un reportaje de investigación para *The Washington Post*.

Analista político en varios programas de televisión y radio de Estados Unidos, América Latina, Europa y México. Ha cubierto diversos acontecimientos políticos internacionales y reportado sobre nueve elecciones presidenciales de Estados Unidos.

Ha publicado *La DEA en México* (Grijalbo, 2013), *La CIA, Camarena y Caro Quintero* (Grijalbo, 2014), *Los narcos gringos* (Grijalbo, 2016), *El juicio. Crónica de la caída del Chapo* (Grijalbo, 2019) y su novela *Tu cabello es la frontera* (Grijalbo, 2019); colaboró en el libro *El México que se avecina* (Harper Collins, 2021).

🐦 @JJesusEsquivel

📷 j.jesusesquivel

J. Jesús Esquivel

Operaciones secretas de la Policía Federal

DEBOLS!LLO

Operaciones secretas de la Policía Federal

Primera edición en Debolsillo: mayo, 2022

D. R. © 2021, J. Jesús Esquivel

D. R. © 2022, derechos de edición mundiales en lengua castellana:
Penguin Random House Grupo Editorial, S. A. de C. V.
Blvd. Miguel de Cervantes Saavedra núm. 301, 1er piso,
colonia Granada, alcaldía Miguel Hidalgo, C. P. 11520,
Ciudad de México

penguinlibros.com

Diseño e ilustración de portada: Penguin Random House / Paola García Moreno

ISBN: 978-607-381-319-8

Impreso en México – *Printed in Mexico*

Contenido

Introducción 9

Asesinato de Marisela Escobedo Ortiz 21

Caso Mario Núñez Meza, *El M10* 39

Caso José Fidel Núñez Meza, *El M12* 55

Caso Ángel Salvador Taboada Valenzuela,
    asesino del hijo del poeta Javier Sicilia 71

Caso Erick Gómez Martínez, *El Manitas* 87

Caso Juan Carlos Sandoval Seáñez, *El Sabritas* 103

Caso enfrentamiento en Guadalupe y Calvo 123

La captura del Chapo Guzmán en Los Mochis 139

El Cumbias, la madrina cantante, El Benny
    y El Balta 161

Caso El Menon, El Menonita o El Canadiense 175

Índice onomástico 183

Introducción

En los ya muchos años que llevo de recorrer la frontera México-Estados Unidos para elaborar reportajes de investigación sobre la guerra contra el narcotráfico, tráfico de armas, lavado de dinero, desaparición y secuestro de personas, así como sobre el fenómeno de la inmigración indocumentada que va de sur a norte, siempre quise saber cuál fue el papel de la Policía Federal antes de que se diseminara como parte de la Guardia Nacional, por decreto del presidente Andrés Manuel López Obrador.

En los ámbitos internacional y —mayormente— nacional persiste la noción de que todas las instituciones policiacas de México son corruptas.

Los fracasos de gobiernos federales y estatales en el combate a la criminalidad nos han expuesto ante instituciones coludidas con la delincuencia. En el léxico del trasiego de drogas la Policía Federal era sinónimo de operadores y peones de narcotraficantes.

Como reportero considero que sería un esfuerzo fútil elaborar un trabajo para enumerar los cientos o tal vez miles de casos de corrupción por narcotráfico, o simplemente por criminalidad de cualquier tipo, en la Policía Federal.

En esta institución de la ley que fue creada presuntamente para combatir al crimen, investigando y actuando en consecuencia para garantizar la seguridad nacional, muy pocos mexicanos confiaron. El historial de muchos de sus jefes y de sus elementos la desacreditó, problema que ha sido muy sintomático y recurrente desde que México remplazó a Colombia como el epicentro del tráfico de drogas.

Aunado a lo anterior, la corrupción de instituciones policiacas y funcionarios públicos por narcotráfico se auspicia casi de manera natural por la gigantesca e interminable demanda de narcóticos en la sociedad estadounidense, y que en varios países de Europa crece a niveles extraordinarios.

La desastrosa lucha militarizada contra los cárteles del narcotráfico que se gestó durante el *sexenio de la muerte* de Felipe Calderón, y las teatrales operaciones que montó su secretario de Seguridad Pública, Genaro García Luna —actualmente encarcelado en Brooklyn, Nueva York, acusado por la administración gubernamental estadounidense de ser presunto operador y facilitador de actividades ilícitas del Cártel de Sinaloa desde el gobierno federal mexicano— fueron el acabose para la reputación de los policías federales.

Impotentes, fuimos testigos en ese sexenio —y también en el que encabezó Enrique Peña Nieto— de la escalada de corrupción por narcotráfico que cubrió y sigue cubriendo a las agencias y las instituciones de seguridad del Estado.

Andrés Manuel López Obrador, que llegó a la presidencia con la promesa de desmilitarizar la guerra contra los cárteles y contra el crimen organizado, fundó la Guardia Nacional y en ella fusionó a la Policía Federal.

A mitad del sexenio de AMLO, su política de "abrazos, no balazos" no ha dado el resultado pretendido. En el país se siguen contando por miles las ejecuciones, las desapariciones, las extorsiones y los secuestros ligados al crimen organizado, a pesar de la creación de la Guardia Nacional y de la militarización de la ex Policía Federal, aunque lo niegue el presidente.

De esto justo se desprende que la sociedad desconfíe de organismos que presuntamente se dedican a defendernos, como la Policía Federal. El miedo a morir tirado sobre un charco de sangre intentando parar al narcotráfico —que enriquece y envilece a jefes como García Luna— hizo de la desaparecida Policía Federal un caldo de cultivo de elementos al servicio de los cárteles, que además remuneran mejor y con dólares a sus personeros.

En la imaginación de cualquier ciudadano de a pie provocaba terror la posibilidad de caer en manos de policías federales, por justa razón o sin ella. Lo primero que venía a nuestra mente era el pavor de vernos sometidos a torturas infrahumanas en interrogatorios que violan cualquier protocolo de derechos humanos, todo para admitir —en muchos casos— la culpabilidad de delitos cometidos por terceros, o exagerar los perpetrados por ciertos detenidos.

La tortura era una práctica común de trabajo entre elementos de la Policía Federal que de seguro no olvidaron tras ingresar a la Guardia Nacional. Esta acción inconstitucional y reprobable en el ámbito global siempre fue negada por la institución y los gobiernos en turno. No obstante, es un hecho que se puede verificar con miles de casos de violaciones a los derechos humanos investigados y documentados por organizaciones defensoras de las garantías individuales, mexicanas e internacionales.

A pesar del instinto periodístico que incita a descubrir y saber más, me negaba a etiquetar como corruptos a todos los policías federales. Estaba seguro de que algunos elementos de esa corporación tan denigrada tendrían que creer en México, en las leyes y en su labor, en su responsabilidad como guardianes del bien y enemigos del mal.

Seguro estaba de que existieron policías federales honestos, como también puede haber oficiales municipales y estatales rectos.

La clave y el deseo era encontrarlos y narrar lo que hicieron. La jerga periodística afirma que no hay reportero sin suerte, y en uno de esos extraños momentos de mi vida (casi nulos) se me acercó uno de esos elementos.

Relatar el encuentro no viene al caso; lo que puedo contar es que la primera sensación que experimenté al hablar con él fue desconfianza total y absoluta.

La franqueza que genera una conversación con ideas encontradas respecto a lo que en ese momento era la Policía Federal y lo que representaba, satisfactoriamente, dio respuesta a la interrogante que mencioné antes.

Los policías federales honestos y profesionales existieron y existen ahora convertidos en Guardia Nacional, y para fortuna de la sociedad distan de querer el protagonismo, los aplausos, el reconocimiento público y los reflectores de los medios de comunicación, como el caso de García Luna, quien por sus farsas empañó la reputación de muchos elementos honestos de las instituciones policiacas que él dirigió.

Este libro no es una apología de la Policía Federal, ni de quienes, con su testimonio, sus expedientes y sus documentos clasificados, me ayudaron a darme cuenta de que existen unidades de investigación y que con éxito han detenido a criminales de alta peligrosidad. Unidades o grupos de policías federales que, por ejemplo, rechazaron el cohecho de varios millones de dólares que les ofreció Joaquín *El Chapo* Guzmán Loera cuando lo capturaron en Los Mochis, Sinaloa. Policías federales profesionales que por largos meses investigaron los casos que llegaron a sus manos, que elaboran planes de acción con extremo cuidado y eficacia para evitar daños colaterales en la población civil. Que, aunque suene a falacia, respetaron los derechos humanos hasta de los delincuentes de la peor calaña. Que no hicieron de la tortura una práctica y echaron mano del fuego letal sólo en casos extremos y necesarios, como dicta el manual de formación de los policías profesionales.

Estos excepcionales exelementos de la Policía Federal fueron, y siguen siendo, de la confianza absoluta de las siempre hurañas y volubles agencias federales de Estados Unidos, con las que intercambian información de inteligencia y a las que les pidieron favores por carecer de los avances tecnológicos y recursos monetarios que deberían tener para enfrentar al crimen organizado en México.

Por todo esto, y por algunos aspectos que con detalle se describen en este libro, decidí —en colaboración con mis editores de Penguin Random House— develar 10 casos de las operaciones secretas que llevó a cabo la Policía Federal, desconocidas por la sociedad porque quienes participaron en ellas argumentan que la opacidad es un elemento fundamental de su misión.

Estos ahora soldados de la Guardia Nacional *vomitan* el reconocimiento público; "es vanagloria", dicen.

Como en mis trabajos anteriores, la estructura y la redacción de cada episodio de esta obra se sostiene con la revisión de documentos, expedientes, fotografías y entrevistas.

Dichos elementos esenciales en cualquier ensayo o investigación periodística están en poder de la editorial y quedan a disposición de todo lector que tenga dudas al respecto o que desee corroborar y cotejar lo que aquí se narra.

A lo largo del viaje que harán los lectores por los casos y las operaciones secretas que integran el contenido, encontrarán referencias y adjetivos desconocidos que parecen y son un lenguaje clave, común entre los policías federales.

A continuación, me permito explicar esos términos y esas oraciones con el fin de mejorar la comprensión de las situaciones y las acciones policiales.

Plantón: es un operativo de vigilancia permanente de 24 horas que se desmantela hasta que se cumple la misión.

Un plantón es una parte fundamental cuando se ubica a un objetivo y se define la fecha y la hora de su captura.

El operativo del plantón se instrumenta mínimo cuatro o cinco días antes de la aprehensión y debe permanecer el tiempo que sea necesario. Su ejecución consiste en monitorear a distancia cualquier lugar como una edificación, una calle, autos o parajes. Los policías buscan un sitio seguro para llevar a cabo esa tarea y registrar, en el caso de un inmueble, qué clase de personas y vehículos entran y salen.

Se elabora una bitácora con ese propósito para determinar un patrón y detectar si la misma gente regresa con frecuencia al lugar y en qué horarios.

En el plantón se toman en cuenta los más mínimos detalles ya que en varias ocasiones estos últimos han marcado la diferencia entre el éxito y el fracaso de una operación.

Para realizar un plantón se requiere la participación de por lo menos cuatro elementos, que se dividen la vigilancia de 24 horas en turnos de seis horas cada uno. Los avizores apoyan su labor con binoculares, una cámara de video y otra de fotografía.

Generación de inteligencia: son dos términos que se utilizan en el proceso de investigación y al momento de definir un operativo sobre objetivos singulares o múltiples. Para la generación de inteligencia se ubica, por ejemplo, un domicilio y las casas aledañas; se demarcan las zonas de riesgo, y la de oportunidad en la que es posible detener con facilidad al sujeto investigado, así como las áreas de vulnerabilidad.

Previo a la ejecución de una operación de arresto los agentes analizan los posibles riesgos. Si el objetivo se encuentra en una zona muy poblada se limitan a monitorear y se determina que la detención se lleve a cabo en una zona de oportunidad o *fría*.

Las operaciones dependen siempre de las circunstancias. Si el investigado se ubica en una casa que se halla en medio de otras viviendas, los inmuebles y las distancias entre grupos de acción se dividen hasta en tres, de modo que si hay dos o tres viviendas o vehículos los policías puedan actuar de forma simultánea y por separado.

Cada grupo de reacción se conforma por ocho o 10 elementos comandados por un jefe. Con antelación, todos ya poseen información y datos de la gente que rodea al objetivo: qué clase de autos usa y el tipo de armamento que tiene, lo cual les permite definir cómo contrarrestar un ataque en caso de que ocurra. Si la situación amerita más fuerza, los policías deben portar armas de mayor calibre.

La Policía Estatal Única (PEU) del estado de Chihuahua, objeto de este libro, contaba con rifles Barrett calibre 50, *snipers* 308 (rifles de alta precisión para francotiradores), lanzagranadas calibre 40, armas convencionales como las Heckler 223, las Panther 450 y armas cortas, y pistolas calibre 9 milímetros.

¿Cómo viste el *equipo de reacción*? Los elementos usan uniforme táctico; chaleco antibalas, casco balístico, rodilleras y coderas. En el caso de la PEU de Chihuahua es lamentable revelar que varios efectivos que la integraron bajo el comando de dos policías federales utilizaron su propio dinero para adquirir los cascos balísticos, las coderas y las rodilleras.

Por razones inexplicables, el gobierno de Chihuahua, durante la administración de César Duarte Jáquez, no quiso combatir al crimen organizado ni a los narcotraficantes, tal vez por alguna componenda con ellos. El exgobernador está acusado de desfalco a la entidad, preso en una cárcel federal de Florida, Estados Unidos, y a la espera de su extradición a México, ya aprobada y autorizada por una juez federal estadounidense. Duarte Jáquez enfrentará cargos federales y estatales una vez que regrese a México por el saqueo de miles de millones de pesos a Chihuahua.

A los agentes que integraron el Grupo de Reacción de la propia PEU les gustaba su trabajo y además lo disfrutaban. Los expolicías federales que los comandaron de 2012 a 2014 se encargaron de adiestrarlos en procesos de investigación de largo y mediano plazo, de recolección y generación de inteligencia, de operación y reacción para la captura de objetivos. Dichos elementos fungieron como francotiradores especializados en el manejo de los rifles *sniper* 308 y Barrett calibre 50. El uso de estos últimos estaba limitado a casos extremos, ya que un disparo de esa arma es capaz de atravesar el grueso de tres paredes juntas, por lo que resultaba inviable en ciudades, poblados, colonias o calles repletas de viviendas, personas o vehículos.

En circunstancias difíciles o de alto riesgo, como la captura de un objetivo en una ciudad, los equipos de reacción portan armas ligeras y cortas como un rifle R-15, pistola 9 milímetros o 223, pero siempre resguardados por un francotirador que los protege a distancia y desde un punto estratégico.

El responsable de cada operación de la PEU siempre fue un policía federal. Los dirigentes y los antecesores de la corporación jamás participaron de manera presencial en los operativos ni para efectos de supervisión. Además, cada policía federal que la dirigió contaba con escoltas personales conformadas por 15 o 20 policías estatales.

Los federales que formaron parte de la PEU de 2012 a 2014 fueron comisionados a la policía del estado de Chihuahua en calidad de préstamo.

El salario, el aguinaldo y demás prestaciones que recibían fueron cubiertos por la Policía Federal, nunca por el gobierno del estado.

Su misión consistió en transformar la imagen de la antigua CIPOL y convertirla en la PEU, modificando todos sus conceptos y no dejando de lado que sus elementos eran mal vistos por la sociedad chihuahuense, por corruptos e ineptos en el cumplimiento de su responsabilidad y de su trabajo.

Los comandos de la PEU sanearon esa institución estatal al cambiarle toda la dinámica, la logística, la prospectiva y la imagen. Los policías estatales que reclutaron fueron elegidos con base en su perfil, sus aptitudes y sus actitudes.

Algo innovador nunca registrado en Chihuahua fue que la PEU incluyó a mujeres entre sus grupos de reacción; ellas se formaban de manera voluntaria para realizar los operativos más complicados y peligrosos.

Estos agentes siempre cubrían su rostro con pasamontañas y se seleccionaban entre por lo menos 40 elementos para participar en los diferentes operativos. Fueron policías que no se echaban para atrás, que contaban con el adiestramiento adecuado para no poner en riesgo la operación ni a sus compañeros.

Tengo la certeza de que entre quienes integraron la Policía Federal hay muchos profesionales, personas honestas que aman a México y que están dispuestas a arriesgar su vida por la seguridad de la ciudadanía. También estoy seguro de que en otras entidades se han realizado operativos secretos muy efectivos, pero que lamentablemente desconozco; hubiese deseado incluirlos en este trabajo.

No es fácil conseguir información y menos documentos clasificados sobre lo que fue la Policía Federal, ni de otras instituciones o dependencias del gobierno federal.

Por esa razón me limito a describir estas operaciones secretas llevadas a cabo en Chihuahua, ya que pude obtener los expedientes y los testimonios que hay detrás de cada caso. La excepción es el capítulo sobre el operativo de la captura del Chapo Guzmán en Los Mochis, Sinaloa.

Washington D. C., octubre de 2021

Asesinato de Marisela Escobedo Ortiz

El 16 de diciembre de 2010, cuando Chihuahua era el epicentro del fracaso de la guerra sin cuartel contra el narcotráfico que lanzó el entonces presidente Felipe Calderón, fue ejecutada a sangre fría, con un disparo en la cabeza, la activista y defensora de derechos humanos Marisela Escobedo Ortiz.

La señora Escobedo Ortiz exigía justicia por el asesinato de su hija Rubí, a quien en 2008, en Ciudad Juárez, le quitó la vida su novio Sergio Rafael Barraza Bocanegra, absuelto de manera increíble por decisión unánime de tres jueces de la entidad.

El crimen de Marisela, que ocurrió frente al Palacio de Gobierno de Chihuahua, fue captado por las cámaras de seguridad. Su transmisión en los medios de comunicación sacudió a la sociedad mexicana porque exponía a un Estado fallido y una ola criminal con capacidad y poder para matar a quien fuera, incluso frente a un edificio que se supone representa el poder y la justicia.

En diciembre de 2011, a días de la conmemoración del primer aniversario del asesinato de Escobedo Ortiz, la fiscalía del estado de Chihuahua presentó (muerto) a Héctor Miguel Flores Morán, *El Payaso*, como autor material del crimen.

En ese momento las autoridades estatales informaron que el inculpado pertenecía a una banda delincuencial relacionada con La Línea, organización dependiente y brazo ejecutor (sicarios) del Cártel de Juárez.

Las facciones del Payaso, de acuerdo siempre con la información que proporcionó aquella ocasión el gobierno chihuahuense, encajaban con el retrato hablado que se elaboró del asesino de Escobedo Ortiz.

Otro atenuante con el que la autoridad quiso dar por cerrado el caso fue que al supuesto ejecutor se le encontró el arma con la que privó de la vida a la activista.

Familiares de Escobedo Ortiz y abogados defensores de derechos humanos siempre dudaron de que El Payaso fuera el autor material de ese crimen de gran relevancia nacional.

Desde que fue absuelto, aunque luego nuevamente requerido por las autoridades tras las protestas de Escobedo Ortiz, el novio de Rubí huyó de Chihuahua para esconderse en Zacatecas, dato obtenido por la misma activista tras la investigación que realizó con el afán de obtener justicia para su hija, y no por las pesquisas llevadas a cabo por las autoridades estatales y federales.

En 2012, por petición y exigencia de la fiscalía del estado —y ante su incapacidad para contener la violencia relacionada con el tráfico nacional e internacional de drogas—, llegaron a Chihuahua los policías federales Raúl Ávila Ibarra y Nicolás González Perrin.

Ambos federales arribaron en calidad de préstamo y se integraron de inmediato a la Policía Estatal Única (PEU).

Ávila Ibarra fue designado director general y González Perrin director de la División Preventiva de la PEU. A su equipo se incorporó Jaime Avilés Castañeda, quien fungió como encargado del Grupo de Análisis. Dentro de la PEU había otras dos divisiones, la de Vialidad y la de Reacción.

Cuando la PEU comenzó a funcionar en Chihuahua bajo el comando de Ávila Ibarra y las operaciones de González Perrin, se les dio prioridad a los casos relevantes relacionados con los homicidios. La dupla de federales, con la colaboración de Avilés Castañeda, determinó "investigar" los expedientes etiquetados como "urgentes", y entre éstos el del asesinato de Escobedo Ortiz, pese a que la fiscalía estatal lo había dado por cerrado ante los medios de comunicación. Los oficiales recién llegados reabrieron el caso e iniciaron nuevas avenidas de investigación. Empezaron por revisar con detalle los informes sobre la ejecución del Payaso, la minucia pericial que concluyó que la fisonomía del presunto homicida ejecutado coincidía con la del retrato hablado del ejecutor de Escobedo Ortiz, así como la correspondiente al arma que se encontró junto al cuerpo del ejecutado, en la cual se determinó que era la misma con la que ultimaron a la activista.

En entrevista, uno de los dos federales a cargo de la PEU, quien optó por mantener su identidad bajo anonimato, explicó:

> La fiscalía especializada que averiguó el caso del Payaso afirmó que su fisonomía coincidía en un 80% con la de la persona del retrato hablado, por ello se concluyó que era el asesino de la señora Marisela. La verdadera razón del fallo consistía en quitarle presión política al gobierno de César Duarte Jáquez. Desde la esfera presidencial le exigían que resolviera lo antes posible el asesinato.

Conforme pasaron las primeras semanas de operación del equipo de Ávila Ibarra, en Chihuahua aumentó el arresto de integrantes de Los Aztecas, organización criminal relacionada con el tráfico de enervantes y con la ejecución de personas por encargo.

En la División Preventiva, González Perrin ordenó a sus subalternos interrogar a todos los detenidos e investigar cualquier indicio relacionado con otros casos. La intención fue entrelazar nombres, apodos y apellidos de otros delincuentes que presuntamente podrían estar involucrados en asesinatos que pertenecían al cúmulo de expedientes etiquetados como urgentes.

De acuerdo con la investigación realizada por la PEU sobre el caso de Escobedo Ortiz —cuyos detalles no se habían hecho públicos hasta la publicación de este trabajo—, varios integrantes detenidos de Los Aztecas aseguraron durante los interrogatorios a los que fueron sometidos por la gente de González Perrin que el asesino de la activista no había sido El Payaso, que al verdadero sicario que la mató lo apodaban *El Wicked*. De inmediato la PEU abrió un expediente judicial sobre el sujeto de quien sólo conocían el alias.

Durante más de siete meses los policías estatales, bajo la dirección de los dos federales, recabaron diversas declaraciones de pandilleros que coincidieron en que El Wicked, y no El Payaso, asesinó por encargo a Marisela Escobedo Ortiz.

Al respecto, el policía federal que aceptó ser entrevistado expone:

Ocho meses después de iniciada esta averiguación nos llegó información muy valiosa: a través de las distintas ramas de investigaciones nos enteramos de que El Wicked iría a Ciudad Juárez a visitar a su mamá. Contábamos con su descripción física, no teníamos su nombre. De entre los pocos detalles que recolectamos en los interrogatorios con los pandilleros sobre El Wicked supimos que tenía un tatuaje en el antebrazo; el tatuaje de un indio.

Con la descripción de varios detenidos la PEU elaboró a su vez un retrato hablado y actualizado del Wicked; lo del referido tatuaje en el antebrazo facilitaba las cosas.

Con la colaboración de agentes de la Administración de Control de Drogas (DEA, por sus siglas en inglés) y de los U.S. Marshals, de Estados Unidos, la PEU comenzó a recolectar más información sobre el presunto criminal: números de teléfonos celulares, tipo de vehículos en los que se movía, nombre de la madre y la dirección de esta última en Juárez.

Los policías federales elaboraron todo un esquema de inteligencia (espionaje) para cazar al Wicked.

La asociación, la complicidad de trabajo y el intercambio de información con la DEA y los U.S. Marshals fueron resultado de la confianza que los agentes estadounidenses le tenían a la PEU, luego del escrutinio al que sometieron tanto a Ávila Ibarra como a González Perrin.

Durante sus años de operación en Chihuahua (2012-2014), la PEU ofreció información valiosa a los agentes de la DEA y a los U.S. Marshals sobre criminales buscados por la justicia estadounidense y sobre el tráfico de drogas que realizaban los cárteles de Sinaloa y de Juárez desde aquella entidad del norte de México.

La avanzada tecnología con la que cuentan las agencias federales norteamericanas facilitó la intervención de comunicaciones telefónicas, y con un sistema especial de posicionamiento global (GPS, por sus siglas en inglés) en poder de los U.S. Marshals, la PEU podía saber la ubicación de alguno de los aparatos de telefonía celular supuestamente en poder del Wicked, cuyas operaciones criminales llevaba a cabo en la ciudad de Chihuahua donde radicaba.

Dos meses después de elaborar el retrato hablado, de seguirle la pista a través intervenciones telefónicas y cotejando datos con los testimonios de criminales detenidos y de algunos informantes, la PEU pudo saber la fecha en que El Wicked planeaba visitar a su progenitora en Ciudad Juárez, quien además en su mismo domicilio tenía una pequeña tienda de abarrotes.

Con el fin de garantizar la mayor seguridad en el operativo especial de captura, los jefes de la PEU que intercambiaron datos con los agentes estadounidenses no informaron a las autoridades estatales lo que habían descubierto y hasta dónde habían llegado en el caso de Marisela Escobedo Ortiz.

"Temíamos una fuga de información y que se nos escapara El Wicked, luego de varios meses de investigación y de elaboración de sistemas de inteligencia, física y tecnológica, para ubicarlo", explica el agente federal entrevistado.

Los documentos del caso sostienen que la PEU sabía que El Wicked permanecería "unos días" en Ciudad Juárez.

Para la operación de captura, Ávila Ibarra y González Perrin formaron un grupo especial de ocho elementos, todos involucrados en la investigación, y un grupo de apoyo integrado por 15 policías, todos estatales.

Ávila Ibarra decidió dirigir personalmente el prioritario operativo y se trasladó a Ciudad Juárez al frente de los 23 elementos de ambos grupos.

Entretanto, González Perrin permaneció en la ciudad de Chihuahua comandando la PEU, a cargo del personal que operaba los dos turnos de labor policiaca, de 12 horas cada uno.

Para detener al Wicked los elementos de la corporación prepararon un *plantón*. Los 23 policías llegaron al lugar del operativo dos días antes de la visita que el supuesto delincuente haría a su madre.

Durante esas 48 horas previas al asalto, González Perrin y su jefe mantuvieron una comunicación fluida, y también el intercambio de información con la DEA y los U.S. Marshals que se trasladaron a Ciudad Juárez con el GPS.

"La orden fue fulminante: continuar con todos los actos y las operaciones de inteligencia hasta que cayera el objetivo", detalla el agente federal.

González Perrin se hallaba en las oficinas centrales de la PEU pendiente de las comunicaciones con Ciudad Juárez, cuando recibió una llamada telefónica de uno de los policías encargado de turno.

"Jefe, en el Home Depot hay una persona de quien un amigo me dice que lo estuvo extorsionando durante mucho tiempo, ya lo identificó y no tiene duda de que es él", agrega el agente federal.

El policía pide instrucciones al jefe y recibe la orden de detenerlo y llevarlo al cuartel general de la PEU para interrogarlo.

Al sospechoso lo interceptan en un punto seguro los dos policías estatales cuando salía del estacionamiento del Home Depot de la ciudad de Chihuahua. Viajaba en un vehículo acompañado por su esposa, dos hijos y un escolta que se identificó como *El Killer*.

Al momento de la detención los policías le encontraron al escolta una pistola calibre 45 y luego desarmaron al sospechoso. A los tres adultos y a los dos menores de edad los trasladaron a las instalaciones de la PEU y los colocaron en distintos separos para someterlos a un interrogatorio.

"Cuando comienzo a entrevistar al sospechoso descubro que tiene un tatuaje en uno de los antebrazos. No era un indio, sino la imagen del Subcomandante Marcos [del Ejercito Zapatista de Liberación Nacional de Chiapas]", recuerda el policía federal.

El tatuaje y otras señas físicas del presunto criminal atrajo la atención de los agentes de la PEU.

"Por eso de inmediato le pregunté cuál era su apodo y sin titubear, muy seguro de sí mismo, contestó: 'Me dicen *El Wicked*'", expone el agente federal.

Para el momento en que ocurrió la captura accidental del Wicked, la PEU ya tenía en su poder todo el expediente en contra del criminal, producto de largos meses de investigación, entrevistas con pandilleros, narcotraficantes, y del intercambio de información de inteligencia con las agencias de Estados Unidos.

Por el hecho de que a su escolta le encontraron un arma, El Wicked, durante el interrogatorio al que fue sometido, permaneció todo el tiempo esposado, al igual que El Killer.

La esposa y los hijos del detenido fueron llevados a una oficina para que estuvieran más cómodos.

En el recuento de los hechos el agente federal señala: "Cuando me dice que él es El Wicked, y para asegurarme si no me estaba tomando el pelo, o que se tratara de otra persona con el mismo apodo, le digo: 'Si eres El Wicked, platícame lo de Marisela'".

El policía federal admite que, para su sorpresa, el delincuente comenzó a cantar "absolutamente todo", incluso, por la facilidad con la que se incriminó, al agente le dio la impresión de que el asesino ya quería ser detenido.

"No fue una entrevista como muchas otras, largas y agotadoras; me dijo: '¿Sabe qué?, nada más no me trate mal y vamos a platicar', porque él tenía la impresión de que se le iba a hacer algo [torturar]", explica quien fuera titular de la División de Prevención.

En su declaratoria ante el oficial, El Wicked contó todo. Inició señalando que cuando salió absuelto el esposo de Rubí, el criminal se trasladó a Zacatecas y allá comenzó a trabajar como pistolero para el cártel de Los Zetas.

La presencia y la colaboración del asesino de Rubí no eran datos desconocidos para la PEU, estaban integrados en el expediente que se formuló durante los meses de búsqueda del Wicked.

"Yo debía asegurarme de que quien estaba frente a mí fuera el criminal que mis compañeros habían ido supuestamente a aprehender a Ciudad Juárez, por eso dejé que hablara con lujo de detalle", añade el agente federal.

En la declaratoria integrada al expediente de esta operación secreta y con un resultado imprevisto, se expone que El Wicked aseguró llamarse José Enrique Jiménez Zavala, y que debido a las manifestaciones y protestas que Escobedo Ortiz realizaba frente al Palacio de Gobierno, Los Zetas pidieron como un favor a La Línea eliminar a la mujer para que dejara de calentar la plaza. Fueron sus superiores de La Línea los que directamente instruyeron a Jiménez Zavala, jefe de Los Aztecas en la ciudad de Chihuahua, que se encargara personalmente de ultimar a la activista y madre de Rubí.

El Wicked declaró que durante una semana estuvo cazando a su víctima, esperando el momento adecuado para asesinarla.

El encargo se le dificultaba porque Marisela se manifestaba en un lugar que ocupa el primer cuadro de la ciudad de Chihuahua, justo delante del Palacio de Gobierno, en una explanada que tiene cuatro semáforos, lo cual complicaba la logística de una fuga en automóvil.

No ultimó antes a su víctima porque cuando estaba a punto de conseguirlo siempre había policías y mucho tráfico por las calles. Entonces optó por esperar pacientemente y observar los movimientos de Escobedo Ortiz, desde la comodidad de un auto Nissan blanco, que por muchas horas permaneció parado en el estacionamiento de un Oxxo, a unas cuadras de la explanada.

El policía federal jefe de la División Preventiva sostiene que entre las pesquisas recabaron datos que corroboraban lo que El Wicked declaró, que incluso sabían que al chofer del auto en el que huyó después de la ejecución lo apodaban *El Gordo* y que también pertenecía a Los Aztecas.

La noche del asesinato El Wicked observó cuando los guardias de Palacio de Gobierno cerraron las puertas del recinto y al mismo tiempo notó que pocos autos circulaban por la zona; que Marisela y su hermano se quedaron solos sentados ante una mesa al otro lado de la calle.

El Gordo recibió la orden de manejar hacia el objetivo. El Wicked saca la pistola, se acerca a ellos, el hermano de Marisela le arroja unos papeles y sale corriendo; la señora Escobedo Ortiz hace lo mismo, cruza la calle, pero el sicario la alcanza y le dispara por atrás en la cabeza.

"Incluso confesó que por poco cae porque tropieza con la víctima cuando se desvanece sin vida sobre la banqueta", relata el agente federal al detallar el interrogatorio.

Luego de cumplir su cometido, El Wicked camina sobre la calle, cruza a la derecha en medio de los autos, se sube al Nissan blanco que lo espera para huir y desaparece.

Gran parte del expediente sobre el asesinato que tenía en su poder la PEU se recopiló por declaraciones de detenidos en casos de homicidios que involucraban a La Línea y Los Aztecas, como el triple asesinato en un restaurante Applebee's, donde entre los muertos se encontraba un piloto; los asesinatos en la paletería La Michoacana y el multihomicidio en el bar El Colorado, en el que ejecutaron a más de una docena de personas.

Uno de los detenidos e involucrados en la masacre de El Colorado declaró que el líder y encargado de esa operación fue El Wicked.

La caída fortuita de este criminal se dio incluso en un momento de desesperación de la PEU, que ya había solicitado la cooperación del Buró Federal de Investigaciones (FBI, por sus siglas en inglés) para agilizar la ubicación del sicario.

Jiménez Zavala aclaró el misterio del arma con la cual encontraron el cuerpo sin vida del Payaso. Explicó que semanas después del asesinato de Escobedo Ortiz, los jefes de La Línea lo llamaron para que les entregara la pistola. El asesino relató a su interrogador que cuando recibió esa orden pensó que sus superiores "lo iban a poner" ante las autoridades, o que lo ejecutarían para calmar los ánimos en el gobierno de Duarte Jáquez ante la presión federal y de la sociedad para que esclareciera el crimen.

"Aseguró que al Payaso lo ejecutaron por una deuda [de drogas] que tenía con el Cártel de Juárez, y le colocaron el arma que les había entregado El Wicked", anota el policía federal.

Al concluir el interrogatorio y corroborar la identidad del Wicked, el director de la División Preventiva se comunicó con su jefe, que se había desplazado a Ciudad Juárez, para que regresara porque el sicario ya estaba detenido y además había confesado el crimen.

La información adicional que salió del separo le sirvió a la PEU para desarrollar y llevar a cabo operativos de inteligencia en varias casas de seguridad donde se resguardaban los pistoleros que trabajaban bajo las órdenes del Wicked.

En uno de esos domicilios, ubicado en la ciudad de Chihuahua, la PEU atrapó a dos sicarios, confiscó tres cuernos de chivo (rifles AK-47), varias granadas de fragmentación y cientos de cartuchos de diferentes calibres. Un juez libró una orden de cateo a la casa en la que vivía El Wicked ubicada en una colonia de clase media alta. A diferencia de otros pandilleros de Los Aztecas, a Jiménez Zavala le gustaba la vida de lujos y comodidades.

En la residencia del asesino los elementos de la PEU localizaron armas y otras evidencias que lo vincularon con el asesinato de Marisela Escobedo Ortiz.

La esposa del Wicked declaró ante las autoridades en contra de su marido y se convirtió en una testigo protegida del Estado.

La relación criminal entre El Wicked y El Killer, corroborada con las declaraciones de la cónyuge del primero, afianzó las acusaciones y las averiguaciones que se realizaron en torno de la ejecución que en 2010 sacudió al gobierno de Chihuahua.

La detención del Wicked ocurrió como a las ocho de la noche y la PEU aprovechó las declaraciones del sicario para adelantar sus labores de inteligencia, por encima de las complicaciones judiciales para obtener órdenes de cateo de un juez y reventar las casas de seguridad.

El *gancho* de la PEU para evitar los resquebrajamientos de cabeza por la burocracia del sistema judicial mexicano consistía en entregar pedidos a las cortes con base en "presuntas denuncias anónimas". Nunca hubo tales denuncias anónimas que describieran los movimientos sospechosos en una casa. El documento de petición de cateo ante un juez era formulado por la propia PEU, por lo que lograron reventar las casas de seguridad relacionadas con El Wicked cuatro horas después de que el criminal declarara.

La narración de la PEU sostiene que al Wicked se le recuerda como un personaje "interesante", porque no fue necesaria la presión ni las palabras altisonantes para que "soltara la sopa".

En la entrevista el policía federal destaca:

La esposa me lo dijo: su marido tenía el presentimiento de que pronto lo iban a agarrar, que se sentía atormentado por el asesinato de Marisela Escobedo Ortiz, pese a que en su haber criminal él le había quitado la vida a más de 80 personas, antes que a la activista y defensora de derechos humanos.

El Wicked era uno de los que más muertos tenía entre los sicarios de Los Aztecas, por lo cual no se entiende por qué le afectó tanto moralmente la ejecución de Marisela Escobedo.

La esposa explicó que su marido consideraba que las demás ejecuciones que poseía en su haber formaban parte del negocio del sicariato y del trasiego de drogas. La mujer matizó que el asesinato de Marisela fue una orden que le dieron a su esposo y que cumplió como buen soldado azteca, pero le produjo malestar porque la víctima no pertenecía a los malandros, era una persona en busca de justicia para su hija.

El Wicked ejecutó a Escobedo Ortiz y cayó en depresión, lo cual no le impidió seguir con su carrera delincuencial. Encabezó la masacre del bar El Colorado poco después de haber eliminado a la activista frente al Palacio de Gobierno.

Subraya el agente federal:

Era un cabrón carismático. Platicabas con él y era un cuate que te caía bien, era el clásico asesino serial con buena personalidad.

Cuando lo detuvimos no iba tan bien vestido, portaba unos pantalones de mezclilla, una playera, pero normalmente se vestía con ropa de marca. Era un tipo que no tenía estudios universitarios, terminó la educación secundaria y se sabía expresar muy bien. Charlabas con él y hasta te pedía permiso para decir una grosería. Al solicitarle que describiera cómo había matado a Marisela, no titubeó. Teníamos una lista de las personas que asesinó y su declaración nos sirvió para empezar a desahogar casos.

La colaboración del Wicked fue tan amplia y voluntariosa la noche de su detención que en algún momento el policía federal se aburrió de escuchar los detalles de tanto asesinato.

En agradecimiento, el jefe de la División Preventiva les compró a él, a su escolta, a su esposa y a sus hijos unas hamburguesas para que cenaran esa noche, después del largo interrogatorio.

Concluye el policía federal:

Había cooperado bien, sabía que ya estaba perdido. Nunca estuvo nervioso, más bien temía que se le hiciera algo, que fuera torturado; tenía mucho miedo por el bienestar de su familia. Cuando se dio cuenta de que contábamos con la evidencia necesaria solito platicó. Sólo que en Chihuahua no existe la autovinculación, no se puede decir "yo maté" y con eso es suficiente para incriminarlo. Por esa razón su esposa declaró en su contra, fue testigo de la fiscalía.

En la cárcel El Wicked se convirtió en predicador del bien; hablaba con los jóvenes para que no cayeran en lo que él cayó. Era un vinculador entre la sociedad y las prisiones penitenciarias.

Permaneció en un penal de Chihuahua hablándoles a los jóvenes, contando su experiencia como si sus crímenes fueran parte de una ficción. Lo ejecutaron dentro de la misma prisión desde la que muy tarde quiso reformar a delincuentes. Las autoridades creen que fue ultimado por orden del Cártel de Sinaloa, ya que él era un protegido de La Línea.

Antes de su captura junto al Wicked, Javier Arturo Hernández Nájera, El Killer, estuvo un tiempo en prisión acusado de haber participado en la masacre de 16 estudiantes en la colonia Villas de Salvárcar, Ciudad Juárez, el 31 de enero de 2010, pero por falta de pruebas en su contra un juez estatal lo dejó en libertad.

El Killer permanece en la cárcel por los delitos y asesinatos que se le achacaron en colaboración con El Wicked.

La PEU establece en el expediente del caso y en la transcripción de las declaratorias que Hernández Nájera aceptó haber sido uno de los sicarios que mataron a los estudiantes de Villas de Salvárcar.

Caso Mario Núñez Meza, *El M10*

En el expediente clasificado de la Policía Federal (PF) se lee que Mario Núñez Meza, alias *El M10* o *El Mayito*, nació en Durango y que es el mayor de tres hermanos dedicados al trasiego de drogas y al asesinato de personas por encargo, vinculado con el Cártel de Sinaloa. El M10 formó parte de la lista de los 120 criminales más buscados por el gobierno federal durante el *sexenio de la muerte* de Felipe Calderón.

Al M10 la Policía Federal, la Marina, el Ejército y demás agencias de seguridad del Estado mexicano lo etiquetaron como un "delincuente desalmado y de altísimo nivel de peligrosidad".

Según la ficha judicial, en 2007 arribó a Ciudad Juárez, Chihuahua, al frente de un comando criminal integrado por aproximadamente 300 hombres. El desplazo del M10 y los cientos de sicarios bajo su mando se conoció en Juárez como la llegada de la "gente nueva" del Cártel de Sinaloa.

Núñez Meza era uno de los hombres de mayor confianza de Joaquín *El Chapo* Guzmán Loera, cabeza de una de las fracciones del Cártel de Sinaloa y socio de los otros capos de esa organización criminal: Ismael *El Mayo* Zambada García y Juan José Esparragoza Moreno, *El Azul*.

El Chapo Guzmán mandó al M10 a Ciudad Juárez con un solo propósito: arrebatar al Cártel de Juárez esa tan prodigiosa y productiva plaza para el tráfico de drogas a Estados Unidos.

Junto con más de 300 hombres a su cargo, El M10 dirigió la guerra contra el Cártel de Juárez en Chihuahua.

Hombre sanguinario y calculador, El M10 y su flota de sicarios fueron responsables, en apenas tres años —de acuerdo con el expediente de la Policía Federal—, de la muerte, desaparición y ejecución de por lo menos unas 3 mil personas en aquella entidad norteña. Los informes de inteligencia de la PF anotan que El Chapo Guzmán viajó de manera reiterada a Chihuahua en helicóptero para supervisar la *limpia* de la plaza que realizaba su hombre de confianza.

Los documentos sostienen que, en el pueblo de San Diego de Alcalá, El Chapo Guzmán y El M10 se reunieron varias ocasiones.

Para el cumplimiento de la tarea que le encomendaron, este último nombró a su hermano Fidel, *El M12*, y a Noel Salgueiro Nevárez, *El Flaco* o *El M11*, sus lugartenientes, quienes dirigieron la guerra contra La Línea y otros grupos criminales dedicados al asesinato de personas, venta y tráfico de drogas para el Cártel de Juárez.

Los datos de la PF sobre el caso indican que en 2010 El M10 comenzó a tener problemas con José Antonio Marrufo, *El Jaguar*, jefe de logística del Cártel de Sinaloa en Juárez. Las diferencias surgieron porque el primero no consiguió la "bendición" del Chapo ni del Mayo para ser jefe absoluto de la organización sinaloense en aquella plaza juarense.

Tras esa desavenencia, Núñez Meza fue trasladado junto con El M11 y El M12 a Durango, por órdenes de Guzmán Loera.

En desacuerdo con la decisión de sus jefes, El M10 y sus compinches sembraron el terror en territorio duranguense. El expediente de la PF subraya que Núñez Meza fue responsable de la muerte de por lo menos 250 personas, cuyos restos fueron localizados en varias *narcofosas* en Durango.

La violencia que desató El M10 causó la ira del Mayo Zambada, quien ordenó al grupo de sicarios de Los Cabrera y a Los Mingos que se encargaran de Núñez Meza y su gente.

Incapaz de enfrentar el poder del Mayo Zambada, El M10 se trasladó a Jalisco, en un intento desesperado por asociarse con Nemesio Oseguera Cervantes, *El Mencho*, jefe del Cártel de Jalisco Nueva Generación (CJNG).

En esa entidad El M10 se tropezó con la negativa del Mencho, quien, como amigo y socio del Mayo Zambada, le cerró las puertas para operar en calidad de sicario en todo el estado.

Por esas mismas fechas, el Ejército mexicano llevó a cabo una operación en el Valle de Juárez en la que resultó muerto Gabino Salas Valenciano, *El Ingeniero*, jefe de plaza de Ciudad Juárez del Cártel de Sinaloa. Con esa baja en las filas de la agrupación de sus antiguos jefes, El M10 decidió regresar a Juárez con la intención de apoderarse de esa plaza.

Tras la caída del Ingeniero, el Cártel de Sinaloa determinó remplazarlo por los hermanos Chaires, quienes —de acuerdo con los reportes de inteligencia de la PF— arribaron al aeropuerto internacional de Ciudad Juárez procedentes de Sinaloa, y poco después resultaron abatidos por gente del M10.

En la información que recopiló la PF se asienta que Salas Valenciano, aunque cayó abatido en un enfrentamiento con el ejército y la policía municipal, su eliminación obedeció a un reacomodo en las estructuras de mando del Cártel de Sinaloa. Se mencionó incluso que El Ingeniero estaba enterado de que los Chaires llegarían a remplazarlo a Juárez, y poco antes de su muerte buscó al M10 para formar una alianza con el fin de apoderarse de la plaza de manera independiente. Los datos de inteligencia de la PF matizan que El M10 se escondía en la ciudad de Chihuahua en espera del momento adecuado —la muerte del Ingeniero— para trasladarse a Juárez.

Ni con ayuda de las agencias de seguridad e inteligencia de Estados Unidos la PF podía determinar en esas semanas la ubicación precisa del M10, ya que cambiaba de números y aparatos de telefonía celular de manera constante y utilizaba un BlackBerry que en esos tiempos resultaba difícil interceptar, incluso con la tecnología estadounidense.

El M10 era extremadamente cuidadoso con sus comunicaciones y con los lugares en donde se ocultaba, pues sostenía una guerra abierta contra la gente del Mayo Zambada, El Chapo Guzmán, los sicarios de La Línea y otras pandillas dependientes del Cártel de Juárez, sin contar la persecución que en su contra también había ordenado el capo jefe del CJNG para hacerles un favor a sus socios y amigos de Sinaloa.

En 2012 la PF detectó la presencia en Ciudad Juárez de Los Menchos, gente del CJNG; y de Los Mingos, liderados por Jesús Núñez, *El Chuyito*, primo del M10. Las investigaciones de la PF concluyeron que los primos Núñez decidieron "limpiar" la plaza de Juárez de todos sus enemigos, por lo que en aquella ciudad fronteriza se esperaba un torrente de violencia entre los grupos criminales, el cual ocurrió y cobró la vida de miles de personas, dando a esa urbe la fama internacional de ser una de las más peligrosas y hostiles del planeta.

En 2013, como parte del intercambio de información de inteligencia que hacía de manera frecuente con la Administración de Control de Drogas (DEA) de Estados Unidos, la Policía Estatal Única (PEU) recibió datos de sus contrapartes del norte sobre los movimientos que El M10 realizaba en Chihuahua. Ambos organismos policiales acordaron trabajar en conjunto para detener al peligrosísimo criminal exintegrante del Cártel de Sinaloa.

Informantes de la DEA habían ubicado al M10 en Ciudad Juárez, y aun cuando la dependencia federal estadounidense cuenta con agentes en aquella localidad fronteriza del norte de México, sus acciones son extremadamente limitadas; por ello decidieron aliarse en este asunto con la PEU. En esos tiempos comenzaron a llegar cargamentos importantes de mariguana a la ciudad de El Paso, Texas, que según la DEA pertenecían a las operaciones de trasiego de drogas del M10 y su gente.

A principios de agosto de 2013 la PEU recibió una vez más información confidencial de la DEA respecto de la presencia del M10 en Ciudad Juárez.

El grupo de policías estatales bajo el mando de Raúl Ávila Ibarra y Nicolás González Perrin aprovechó dicha información para elaborar un operativo especial bajo la coordinación de Jaime Avilés Castañeda, oficial a cargo del Grupo de Análisis de la PEU.

Los datos proporcionados por la DEA no dejaban espacio a dudas: El M10 se encontraba en Juárez, la dificultad era ubicarlo rastreando el uso de algún teléfono celular, pero como el criminal los cambiaba con frecuencia, la estrategia sería muy complicada.

Uno de los agentes de la PF que pertenecieron a la PEU cuenta:

El informante le dijo a la DEA que El M10 se escondía en Ciudad Juárez, que no estaba operando, y que su hermano El M12 también se encontraba en la misma ciudad. Fue así como empezamos a trabajar el caso. Por esos días recibimos algunos datos que nos permitieron ubicar el número telefónico del M10, lo cual facilitó montar una operación.

Con el dato del número celular del BlackBerry que usaba El M10, la PEU recurrió una vez más a la DEA y a los U.S. Marshals para utilizar su tecnología de rastreo de comunicación telefónica análoga y celular.

Debido a la intensidad y el gran nivel de violencia que se desató particularmente en Ciudad Juárez por el tráfico de drogas y la guerra militarizada que lanzó Calderón contra los cárteles del narcotráfico, extrañamente ambas instituciones policiales estadounidenses colaboraron a la par con la PEU.

Los aparatos de rastreo pertenecían a los U.S. Marshals y la información de inteligencia relacionada con El M10 a la DEA, pero quienes entrarían en acción serían los elementos de la PEU, ése fue el compromiso que se estableció en agosto de 2013.

La sede de la DEA en El Paso fue la que trabajó con la PEU en Ciudad Juárez, con el objetivo de que sus agentes con presencia en esta urbe no fueran blanco de atentados, como ya había ocurrido en el pasado. Los titulares de la PEU de esos años viajaban cada semana a El Paso para reunirse con sus contrapartes de la DEA y con los U.S. Marshals en un restaurante de comida rápida (IHOP). Los policías mexicanos y estadounidenses preferían encontrarse en persona para intercambiar información de inteligencia y evitar en la medida de lo posible hacerlo por teléfono. Durante esa guerra contra el narcotráfico de Felipe Calderón la gente de la PEU temía —con razones fundadas— que el mismo gobierno federal mexicano interceptara sus comunicaciones con las agencias de Estados Unidos y filtrara la información a todos los grupos criminales que operaban en Chihuahua.

Pasaron algunas semanas antes de que el Grupo de Análisis pudiera seguirle la pista al número telefónico del M10.

El agente de la PF resalta:

El teléfono no *dormía* en ningún lado. Es decir, nunca estaba prendido mucho tiempo, lo usaba y lo apagaba. Estaba en un lugar, lo utilizaba para mandar mensajes de texto en un sitio y lo apagaba; después aparecía en otro punto para mandar otro mensaje y otra vez lo apagaba. Por las noches lo apagaba.

La PEU ya había identificado un patrón en las actividades telefónicas del M10: el criminal nunca usaba los Black-Berry para hablar, sólo para enviar mensajes de texto.

La interceptación telefónica con todo y tecnología estadounidense no funcionó al principio de la investigación de la PEU sobre El M10; no servían las escuchas porque el delincuente no hablaba por teléfono. El que utilizaba con mayor frecuencia lo prendía y lo apagaba de manera constante y en lugares diferentes. "Incluso le quitaba la pila, se perdía el rastro; estuvimos rastreando el aparato un buen de tiempo, como 15 días, hasta que por fin nos empezó a marcar *prendido* en Juárez, en un hotel", relata el agente de la PF.

Tras varios días de espera, el 27 de agosto de 2013 la PEU logró ubicar al M10 en Ciudad Juárez.

El otrora jefe de la Gente Nueva y encargado de arrebatar la plaza al Cártel de Juárez estaba hospedado en el hotel Kristal, ubicado en la avenida Tecnológico.

Después de 15 días de monitoreo telefónico las 24 horas, y de concluir que El M10 dormía incluso hasta en cinco diferentes casas de seguridad en una misma noche, la PEU consiguió lo que para su propia dirigencia parecía imposible: capturar al sanguinario narcotraficante.

La noche del 28 de agosto de 2013, dentro de la habitación 319, El M10 cometió el gravísimo error de dejar prendido el BlackBerry tras haber enviado un mensaje de texto.

La PEU preparó un operativo en apenas unas cuantas horas. Antes de ordenar el despliegue de los elementos para la captura, el Grupo de Análisis verificó que el teléfono que les daba la señal en los aparatos de rastreo de los U.S. Marshals fuera el mismo que tenían registrado y del cual salieron los mensajes de texto.

Ese día, El M10 envió mensajes desde el hotel en diferentes horas, apagó y prendió el celular en múltiples ocasiones, pero al irse a dormir a su habitación lo dejó encendido.

La primera acción de la PEU, que llevaba varios días instalada en Juárez, consistió en ubicar el hotel. Los policías de avanzada lo vigilaron a través de rondines con la orden irrefutable de que evitaran entrar o acercarse mucho al inmueble.

El Kristal era un hotel de grandes dimensiones, con mucho movimiento, tanto de empleados como de huéspedes y visitantes. Por esa razón la operación de la PEU debía ser, además de sigilosa, quirúrgica.

A los agentes federales les llamó la atención un dato: El M10 se hospedaba en un hotel modesto, con un costo de habitación por noche de mil 500 a mil 800 pesos. El narcotraficante y asesino optaba por mantener un perfil bajo, sabía que tanto las agencias mexicanas como las estadounidenses andaban tras él.

Luego de corroborar que el celular del M10 se encontraba *durmiendo* en el hotel Kristal, la dirigencia de la PEU se comunicó con sus colegas de la DEA y de los U.S. Marshals en El Paso. Los agentes estadounidenses cruzaron de inmediato la frontera y llegaron en pocos minutos a Ciudad Juárez.

Al operativo se unieron dos agentes de la DEA y dos de los U.S. Marshals, con el fin de observar las acciones de la PEU y asistir con apoyo tecnológico.

Uno de los U.S. Marshals llegó con el aparato de rastreo de telefonía celular que portaba dentro de una maleta del tamaño de una mochila tipo *backpack*.

El aparato era como un compás digital que marcaba la dirección y la ubicación del número telefónico que se rastreaba.

En un principio el dispositivo ubicó el celular en el primer piso del hotel, pero resultó ser falsa alarma.

El Grupo de Reacción que mandó la PEU al hotel Kristal lo integraban ocho elementos estatales y dos federales, más los agentes estadounidenses que se mantendrían a distancia.

Estos últimos permanecieron dentro de un automóvil, desde el cual, por radio, se comunicaban con sus colegas mexicanos para indicarles la dirección que marcaban las manecillas del radar o compás digital.

"Primero nos marcaron una puerta, y a la hora de la hora, a punto de reventarla, nos dicen: 'No es; la señal nos está marcando menos'", recuerda el oficial de la PF al describir una de las acciones del operativo.

El aparato de rastreo cuenta con un aditamento también digital, una especie de batería que determina la distancia entre el instrumento de rastreo y el objetivo (el BlackBerry del M10).

"Cuando ingresamos al hotel para realizar la captura estábamos exactamente a la altura de la habitación en la que se encontraba el objetivo, sólo que dos pisos abajo", comenta con risa el agente federal al recordar el inconveniente.

Los 10 policías del Grupo de Reacción iban armados hasta los dientes, portaban armas largas de alto calibre y armas cortas. Uno de ellos se mantuvo en la recepción vigilando que no hubiese ninguna comunicación con el huésped especial y blanco del operativo. A las 4:00 horas del 28 de agosto de 2013 la PEU decidió actuar. Por lo regular, a esa hora las personas están profundamente dormidas.

En los registros del hotel la habitación 319 estaba a nombre de otra persona, no de Mario Núñez Meza, como esperaba la PEU.

Cuando los nueve integrantes del equipo de reacción subieron al tercer piso y reventaron la puerta del referido cuarto, El M10 tomó un arma corta que tenía en uno de los burós de la cama, pero se abstuvo de accionarla contra los intrusos. Posteriormente quiso escapar por la ventana, pero, como la mayoría de las que se instalan en los centros de hospedaje, estaba sellada por políticas de seguridad.

El M10 se hallaba tan dormido que despertó cuando los policías abrieron con un fuerte golpe la puerta.

En el recuento de hechos del agente federal se destaca que El M10 se mostraba muy confundido, al momento no se percató de que quienes entraron en su habitación eran elementos de la PEU. Creyó que se trataba de sicarios de La Línea o de cualquier otra organización criminal que también lo buscaban.

"Con pistola en mano [una Colt calibre 45] El M10 preguntaba a gritos: '¿Son de la ley?, ¿son de la ley?' Pensaba que íbamos a quebrarlo ahí mismo. Cuando le dijimos que éramos policías y le pedimos que se entregara, tiró al suelo el arma y se rindió", explica el agente federal de la PEU.

El expediente de aquel operativo asienta que El M10 tenía tanto temor al Cártel de Juárez que aun bajo la custodia de la PEU seguía pensando que lo ejecutarían. El asesino se tranquilizó hasta que entró a las instalaciones de la corporación policiaca en Ciudad Juárez.

En la habitación 319 se encontró una pequeña maleta con poca ropa perteneciente al detenido, unos cuantos miles de pesos, la pistola Colt 45 y dos celulares Black-Berry, uno con el número que ubicaron los policías.

Tras el interrogatorio al que elementos de la PEU sometieron al M10 —y con base en los documentos de identificación que se le incautaron entre las escasas pertenencias que tenía en el hotel— se ubicó su domicilio en la ciudad de Chihuahua.

En ese momento la PEU se comunicó con sus colegas y su base central en Chihuahua para conseguir una orden de cateo con un juez, e inmediatamente enviaron a otro equipo de reacción a reventar aquella casa.

La PEU actuó con premura por temor a que cuando corriera el rumor de la captura del M10, sus compinches acudieran al inmueble de Chihuahua a extraer sus cosas.

Bajo el resguardo de policías de la PEU, el equipo de reacción que capturó al M10 en Juárez, por la noche de aquel 28 de agosto, reventó la casa. Ahí halló unos 50 cartuchos de explosivos Tobex con los que el criminal preparaba los carros bomba. La residencia estaba muy bien amueblada, en la cochera había una camioneta marca Toyota, dos lanzagranadas calibre 40, armas largas, cortas; entre estas últimas una pistola Colt calibre 45 que Núñez Meza después comentó a sus captores era un regalo que le hizo Amado Carrillo Fuentes, *El Señor de los Cielos*.

También se decomisaron varias granadas de fragmentación, cuernos de chivo entre las armas largas y chalecos antibalas.

La PEU no encontró dinero en el inmueble, pero sí halló documentos con los números telefónicos del hermano, El M12, y de otros integrantes de su célula criminal con la que pretendió de manera independiente apoderarse de la plaza de Ciudad Juárez.

Los jefes de la PEU intercambiaron los datos de los celulares del M12 con sus colegas de la DEA y los U.S. Marshals en El Paso.

En una reunión posterior a la captura del M10 —y durante el desayuno semanal en el restaurante IHOP de la ciudad texana que colinda con Juárez— se acordó la cooperación policial bilateral para capturar al M12 a través de un operativo conjunto.

El agente federal entrevistado afirma que durante el interrogatorio al que fue sometido, El M10 se ofreció a cooperar tras recibir la garantía de que no sería torturado, como temía.

Describió con detalle el *modus operandi* de su grupo criminal, y se quejó de no tener dinero porque la guerra contra el narcotráfico de Calderón y la disputa de las plazas en Chihuahua entre el CJNG, el de Juárez y el de Sinaloa dificultaban el envío de drogas a Estados Unidos, a El Paso, sobre todo, la gran *narcobodega* de la Unión Americana.

Justo cuando lo capturaron, El M10 aseguró que su célula comenzaba a organizarse de manera efectiva.

Hasta la fecha los agentes de la PF que participaron en ese operativo no entienden por qué Núñez Meza se hospedó en el hotel Kristal sin un grupo de sicarios que lo escoltara. La docilidad con la que se entregó también desconcertó a los policías, ya que la fama que tenía El M10 entre el crimen organizado era de ser un asesino muy violento. Sus hermanos eran violentos, sus amigos, sus socios y subalternos también. Precisamente por ser un sicario despiadado, El Chapo Guzmán le había encargado la limpia de Ciudad Juárez.

En su declaración ante los elementos de la PEU, Mario Núñez Meza afirmó haber asesinado a más de un centenar de personas y responsabilizó a los más de 300 pistoleros bajo su mando de la ejecución de varios miles más.

Caso José Fidel Núñez Meza, *El M12*

José Fidel Núñez Meza, *El M12*, como su hermano mayor Mario, El M10, era reconocido entre el liderazgo del Cártel de Sinaloa —y de manera especial en la fracción dirigida por Ismael *El Mayo* Zambada García— por su falta de sensibilidad y de escrúpulos a la hora de asesinar a una persona y deshacerse del cuerpo.

Originario de Durango, al M12 —desde que en 2008 junto con sus hermanos fue enviado a Chihuahua para arrebatarle la plaza al Cártel de Juárez a fuerza de balas con el fin de controlar el tráfico de drogas a Estados Unidos— le gustó que a su grupo delictivo lo identificaran como la célula de Los M, en referencia a sus apodos y para dejar en claro que su patrón era El Mayo Zambada, jefe de jefes del Cártel de Sinaloa.

En 2011 El M12 fue detenido por delitos de delincuencia organizada y contra la salud, de acuerdo con el expediente clasificado de la Policía Federal (PF), por lo que lo recluyeron en un Centro Federal de Readaptación Social (Cefereso) de Veracruz.

Sin embargo, en un ejemplo más de la corrupción por narcotráfico que impera en el sistema judicial mexicano, El M12 fue liberado de manera secreta pese a que contaba con una orden de arresto en su contra emitida en Durango, su estado natal.

En 2012, a raíz de la gigantesca ola de asesinatos y de operaciones del trasiego de drogas que llevaban a cabo Los M, la Policía Estatal Única (PEU) de Chihuahua se enteró de que El M12 estaba libre y operando junto a sus hermanos en Ciudad Juárez.

En las investigaciones que realizó la PEU para ubicar y capturar al M10 se encontraron huellas indelebles de los actos criminales del M12; por ejemplo, el frecuente descubrimiento de fosas clandestinas en aquella frontera norte de México, el asesinato de funcionarios públicos locales y de elementos del Ejército, en especial de la décima zona militar en Durango.

Los informes de inteligencia de la PF refieren que este asesino y narcotraficante era responsable de coordinar la logística y las actividades del grupo de 300 pistoleros que comandaba El M10.

Entre otras responsabilidades dentro de la célula de Los M, a José Fidel le correspondía organizar y concretar secuestros de personas y el robo de vehículos que debía trasladar de Chihuahua a Durango con el fin de proveer transporte necesario al Cártel de Sinaloa para sus diversas actividades criminales.

Tras la captura del M10 por parte de la PEU y con base en las confesiones que este delincuente les hizo, el grupo comandado por los policías federales Raúl Ávila Ibarra y Nicolás González Perrin se concentró en desarrollar un operativo para arrestar o inhabilitar al M12.

El Grupo de Análisis de la PEU a cargo de Jaime Avilés Castañeda recibió otra asignación especial: comenzar una investigación de inteligencia que ubicara y capturara a José Fidel Núñez Meza.

Dicha investigación no resultó difícil porque que en la casa de seguridad que poseía El M10 en la ciudad de Chihuahua —y que reventó la PEU— se encontraron documentos que contenían los números de varios teléfonos celulares que utilizaba El M12 para comunicarse con Los M.

El liderazgo de la PEU aceleró el intercambio de información de inteligencia con la DEA y con los U.S. Marshals en El Paso, con el propósito de cerrar el círculo que pudiese arrojar datos confiables para localizar y eventualmente capturar al peligroso asesino y traficante de drogas del Cártel de Sinaloa en Ciudad Juárez.

La colaboración binacional volvió a rendir frutos. Con declaraciones de informantes en ambos lados de la frontera —tanto de la PEU como de la DEA, los U.S. Marshals y del Buró Federal de Investigaciones (FBI)— se ubicaron en Ciudad Juárez dos casas de seguridad del M12 y dos negocios de venta de carros usados en los que mantenía trabajando a varios pistoleros y traficantes de droga de la célula de Los M que ya estaba bajo su mando, como consecuencia del arresto de su hermano Mario.

Los negocios de venta de autos usados se localizaron en las calles Zaragoza y Miguel de la Madrid; las casas de seguridad presuntamente propiedad del M12, o utilizadas por él, se ubicaban una en el complejo residencial Las Fuentes y otra en la calle Miguel de la Madrid esquina con Hiedra, colonia Alcaldes.

Los números de telefonía celular relacionados con El M12 fueron el patrón inmediato de rastreo con el que el grupo de Avilés Castañeda estructuró un operativo de inteligencia.

Al igual que su hermano, El M12 utilizaba los teléfonos sólo para enviar mensajes de texto. Después de usarlos los apagaba, y eso dificultó mucho su ubicación las primeras semanas del operativo para su aprehensión.

El Grupo de Análisis trasladó a Juárez a seis de sus elementos, quienes a través de los dos jefes de la PEU cotejaban de manera frecuente con la DEA y los U.S. Marshals los datos recopilados.

A mediados de septiembre de 2013 —un mes después de la captura del M10— el referido grupo pudo localizar las dos casas presuntamente propiedad del M12.

Dentro de esos inmuebles, con la tecnología de rastreo de los U.S. Marshals se detectó que los celulares que se investigaban se prendían y apagaban de manera frecuente.

El comisario Ávila Ibarra ordenó que se "trabajaran" ambas posiciones y el grupo estableció una *sabana* de rastreo o seguimiento para interceptar cualquier llamada telefónica o comunicación electrónica que se hiciera desde las casas. El monitoreo era constante: tres elementos del Grupo de Análisis se mantenían pendientes de las comunicaciones durante las 24 horas del día. La misión consistía en reportar llamadas entrantes o salientes a los números investigados, así como la duración de los enlaces, amén de identificar los números telefónicos a los que se marcaba o viceversa.

Era obligación de los policías estatales que vigilaban los domicilios reportar la hora del día en que se realizaban las llamadas o se enviaban los mensajes de texto; estos últimos eran inidentificables por la ausencia de sonido en los aparatos de escucha y porque al momento de concluir se apagaba el celular.

Durante una semana y media la PEU mantuvo la *sabana* de vigilancia electrónica sobre los dos domicilios y los negocios de la venta de automóviles usados. Sin informar absolutamente nada a la oficina del gobernador César Duarte Jáquez sobre la investigación secreta que se realizaba, la comandancia de la corporación debía decidir cuándo lanzar la operación de captura.

A través de las agencias estadounidenses la PEU descubrió que el gobierno de Chihuahua había interceptado sus sistemas de comunicaciones. Funcionarios de la DEA y del FBI habían avisado a los dos agentes federales mexicanos que poseían información "confidencial y fidedigna" del vínculo de la administración de Duarte Jáquez con los cárteles del narcotráfico que operaban en toda la entidad. Asimismo, conocían los nexos de los gobiernos municipales y de sus mandos policiales con narcotraficantes y sicarios de los cárteles de Jalisco Nueva Generación (CJNG), de Juárez y de Sinaloa.

Dicha información sirvió para que la PEU tomara sus precauciones y realizara sus investigaciones y sus operativos de manera secreta. Temían que con la interceptación de sus comunicaciones telefónicas el gobierno estatal los traicionara y los "pusiera" ante los grupos del crimen organizado que controlaban presidencias municipales locales, policías y grandes extensiones del territorio chihuahuense.

Investigar la relación del gobierno de Duarte Jáquez con el narcotráfico no era tarea de la PEU, pues inmiscuirse significaba una autoflagelación porque el gobierno federal manipularía el asunto en defensa del gobernador y luego los culparía de corrupción por narco, como había ocurrido en otros estados con varios de sus colegas que cumplían la misión de combatir a grupos criminales y detener el trasiego de estupefacientes.

Con la participación directa de los U.S. Marshals la dirigencia de la PEU decidió enviar al Grupo de Reacción a Ciudad Juárez el 17 de octubre de 2013 con el fin de capturar al M12.

Se acordó dividir al equipo en dos unidades de 10 elementos cada una, con el propósito de lanzar operativos de captura simultáneos en las dos casas de seguridad.

El 15 de octubre de 2013 llegaron a Juárez seis elementos más del Grupo de Análisis para robustecer las operaciones de rastreo a los números celulares y establecer un *plantón* de vigilancia sobre las dos casas. Los seis policías estatales se dividieron en dos para unirse a las células que mantenían bajo supervisión constante los domicilios.

Con el equipo disponible y en poder de la PEU, además de armamento, el *plantón* se colocó en viviendas aledañas a las del objetivo del Grupo de Reacción. El 16 de octubre, Ávila Ibarra y González Perrin se trasladaron de Chihuahua a Ciudad Juárez para supervisar y participar en el operativo de arresto, en ese orden.

En las casas donde se instaló el *plantón* los agentes estatales observaban con binoculares y con objetivos fotográficos de largo alcance todo lo que acontecía en los domicilios vigilados: llegada o salida de personas y automóviles, movimientos en las cortinas de las ventanas; registraban la hora en que se encendían o se apagaban las luces de las habitaciones, la descripción de quienes entraban o salían de las casas, su complexión, su color de piel, de cabello, y calculaban su estatura.

Esos datos y el registro de las comunicaciones telefónicas celulares integraban el reporte que los grupos del *plantón* enviaban al comisario Ávila Ibarra de manera constante.

Una de las casas, ubicada en la colonia Alcaldes, llamó más la atención en esos días a los equipos especiales de la PEU. Tras consultar con los U.S. Marshals se asumió que dicha vivienda —con menos movimiento y mayor frecuencia de apagado y encendido de uno de los celulares rastreados que la casa del centro residencial Las Fuentes— era el lugar más lógico en el que podría estar escondido El M12.

El 17 de octubre, considerando las recomendaciones de sus colegas estadounidenses, el cónclave de agentes de investigación de inteligencia de la PEU dio la orden de reventar las casas al mismo tiempo.

Para el operativo se definieron dos grupos de reacción con 10 elementos cada uno, todos fuertemente armados porque se sabía de la peligrosidad del M12 y de la posibilidad de que pudiera estar resguardado por varios integrantes de su escolta, también armados hasta los dientes con rifles de alto poder y lanzagranadas.

La ejecución del operativo se programó para la tarde del día pactado, de modo que los equipos debían estar listos para el ataque al momento de recibir por radio la orden de Ávila Ibarra.

A las 3:00 horas del día D, la PEU abrió un perímetro de seguridad (de tres cuadras) alrededor de ambas casas con el fin de que los dos grupos de reacción pudiesen operar con mayor facilidad y eficacia.

En cada perímetro de seguridad la comandancia de la PEU se aseguró de que los grupos de reacción fueran apoyados por un rifle Barrett calibre 50, montado sobre una camioneta policiaca, para contrarrestar cualquier intento de rescate o fuga del criminal. En las bocacalles que cerraron se colocaron policías estatales armados con pistolas calibre 9 milímetros, rifles Heckler & Koch MR223 y el tradicional 308.

Los efectivos de ambos grupos de reacción recibieron la orden esperada; de inmediato se desplazaron como sombras hacia las puertas de los domicilios que reventarían. Al frente del operativo iba un agente federal que portaba un chícharo en el oído, con el cual se mantenía en contacto con Ávila Ibarra, quien a la distancia monitoreaba la acción.

Los equipos tenían instrucciones de abortar la operación si los U.S. Marshals determinaban —con su tecnología de rastreo— que los celulares que servían de carnada para capturar al M12 se habían desplazado a otro lugar.

Al llegar a la entrada de ambas casas ningún grupo recibió la indicación de parar la misión.

"Cuando se reventó la casa que estaba sobre la calle Miguel de la Madrid, el Grupo de Reacción ingresó al inmueble con la mayor celeridad y sin enfrentar ningún problema, para nuestra sorpresa", explica uno de los agentes de la PEU que participó en el operativo.

Al introducirse en una de las habitaciones de la referida vivienda —como se desprende del expediente clasificado—, los integrantes del Grupo de Reacción se toparon de frente con José Fidel Núñez Meza.

El criminal tan buscado y temido se hallaba recostado sobre una cama viendo un programa de televisión, pero con un arma corta en la mano derecha.

El agente de la PEU anota:

Cuando nos vio, y por la sorpresa de que ya lo habíamos atrapado, porque no hicimos ruido al reventar la casa, se levantó de la cama y con el arma en alto gritó: "¡No tiren!, ¡no tiren! ¡La pistola está descargada! Ya sabía que venían por mí"; después se tendió en el suelo boca abajo. Esa actitud nos facilitó las cosas, porque sin resistencia, ni de él ni de nadie más —estaba solo en la casa—, lo esposamos y lo sacamos del lugar.

Una vez que el Grupo de Reacción sometió al M12, se le notificó al comisario que la operación había sido exitosa y que para la aprehensión del objetivo —como ocurrió con El M10— no hubo necesidad de hacer un solo disparo.

En el interior de la casa del residencial Las Fuentes el otro grupo de reacción no encontró a nadie. Los policías estatales recolectaron documentos, armas y dinero que sirvieron de evidencia para denunciar las actividades delictivas del M12 y de otros integrantes de Los M, que posteriormente fueron capturados en varios puntos del estado y en distintas colonias de Juárez.

La operación de la PEU para capturar a José Fidel Núñez Meza le tomó al Grupo de Reacción menos de

10 minutos. Fue tan rápida y efectiva que incluso los agentes estadounidenses quedaron gratamente sorprendidos, como después ellos mismos reportaron a sus jefes en El Paso.

Los oficiales de la PF consultados sobre esta operación —cuyos detalles se mantenían archivados— comentan que nunca imaginaron que los hermanos Núñez Meza se entregaran con tanta facilidad a la policía. El historial criminal del M10 y El M12 hacía suponer que no se dejarían atrapar con vida, que tenían la convicción de caer muertos en la línea de batalla antes que ser sometidos y llevados a prisión.

Eso afirmaban varios informantes de las agencias estadounidenses y de la misma PEU sobre los temidos sicarios exintegrantes del Cártel de Sinaloa.

El M12 fue de inmediato trasladado a las instalaciones de la policía estatal en Ciudad Juárez, para luego ser puesto a disposición del ministerio público federal. Desde ahí, el jefe de Los M comenzó a *cantar* ante sus captores. Aceptó ser José Fidel Núñez Meza, responsable de múltiples operaciones de tráfico de droga en Chihuahua y de exportar narcóticos a Estados Unidos. Confesó haber participado en el asesinato, captura, tortura, ejecución y desaparición de decenas de personas en aquella entidad norteña y en otros estados de la República mexicana.

Dijo haber sido integrante del Cártel de Sinaloa y que junto con dos de sus hermanos abrió un combate frontal en contra del Cártel de Juárez y de los diferentes grupos de pandillas asociadas a esta agrupación criminal.

Manifestó que emigró de Durango a Juárez para controlar y poner a disposición del Cártel de Sinaloa dicha plaza. Aceptó haber sido operador directo de la fracción criminal del referido cártel sinaloense comandada por Joaquín *El Chapo* Guzmán Loera, y de la de Ismael *El Mayo* Zambada García, de quienes al momento de su captura se andaba escondiendo porque estos últimos habían firmado su sentencia de muerte por traición a la organización.

La PEU no encontró cantidades significativas de dinero en las dos casas del M12; esto corroboró el dato que varios informantes aportaron en referencia a que, por la guerra que emprendieron contra los cárteles de Sinaloa, Juárez y CJNG, Los M no tenían fondos porque se les dificultó exportar droga a Estados Unidos. En realidad, luego de cotejar la información con la DEA, los U.S. Marshals y el FBI, los investigadores de la PEU concluyeron que, de no haber sido capturados, El M10 y El M12 hubiesen durado poco con vida porque, además de no tener recursos para reclutar a un número importante de sicarios para su protección y eliminar a los grupos enemigos, no contaban con la capacidad armamentista adecuada para confrontar a los cárteles que les pisaban los talones y los ahogaban económicamente al taparles las rutas de envío de estupefacientes a El Paso y otras ciudades de Texas.

El M12 tenía menos dinero que El M10 y menos respeto entre los pocos criminales que lo seguían.

Con el interrogatorio al que lo sometió el grupo comandado por Avilés Castañeda se armó un expediente bastante abultado que incluía las narraciones de los crímenes que cometió a lo largo de su carrera como asesino a sueldo y narcotraficante.

Su declaración, junto con la de su hermano Mario, fue pieza clave para armar el rompecabezas sobre la irrupción en Chihuahua y en Ciudad Juárez, en 2008, del Cártel de Sinaloa y su pelotón de asesinos aglutinados en la Gente Nueva.

Reveló nombres, números telefónicos y descripciones físicas de sus colaboradores en Los M, pero también de quienes formaron los centros de mando de la Gente Nueva.

Describió la ubicación de otras casas de seguridad y los nombres de sus enemigos de La Línea, cuáles eran sus funciones y las regiones en las que operaba el grupo de *limpieza* (eliminación de enemigos) del cártel de Juárez.

Extrañamente para el gobierno federal, El M12 fue muy displicente al ser interrogado sobre las operaciones, los mandos y los territorios controlados en Chihuahua y en otras entidades por el CJNG y el de Sinaloa.

Informes clasificados destacan que El M12 "parecía temer demasiado a las repercusiones contra su persona o contra integrantes de su familia" si hablaba más de la cuenta respecto a los grupos delictivos comandados por

El Chapo Guzmán y El Mayo Zambada. "Aparentemente sabía muy poco sobre las actividades del CJNG y su líder", matiza uno de los documentos.

A lo largo de su estadía de casi tres años en Ciudad Juárez, El M12 controló a unos 200 sicarios de la Gente Nueva.

Tras el rompimiento con el Cártel de Sinaloa, la PEU estimó que El M12, por un breve periodo, estuvo a cargo de más de medio millar de criminales.

Los M subcontrataron a decenas de matones de pandillas como Los Artistas Asesinos y Los Mexicles, quienes ofrecían sus servicios al mejor postor sin garantizar lealtad a ninguno de los cárteles.

Por esa razón los informes y las investigaciones de inteligencia que se elaboraron sobre Los M siempre subrayaron que El M10 y El M12 controlaban una buena parte del territorio que comprende Ciudad Juárez, la capital del estado y algunas poblaciones aledañas que representan piezas fundamentales para las actividades de tráfico de drogas en esa región del norte del país.

Uno de los agentes de la PF que intervino en la captura del M12 concluye:

Sin temor a equivocarme, los hermanos Núñez Meza llegaron a tener bajo sus órdenes a unos 600 pistoleros sustraídos del Cártel de Sinaloa, de bandas y pandillas que se les asociaron u ofrecieron sus servicios como sicarios o pasadores de droga extemporáneos, a sueldo diario o por destajo. Controlaron en su totalidad la plaza de Ciudad Juárez durante tres años.

Como se mencionó en el capítulo anterior, la escisión de Los M del Cártel de Sinaloa y su guerra contra el gobierno de Felipe Calderón, con el CJNG y con el de Juárez fueron la causa de la muerte de miles de personas y de toda la violencia que se apoderó de la otrora ciudad limítrofe llamada Paso del Norte.

Caso Ángel Salvador Taboada Valenzuela, asesino del hijo del poeta Javier Sicilia

El domingo 27 de marzo de 2011 Juan Francisco Sicilia Ortega y seis conocidos suyos se reunieron en el bar La Rana Cruda en Cuernavaca, Morelos, para platicar y tomar unas cervezas.

Las versiones de lo ocurrido esa noche en aquel "bar familiar" de la colonia Cantarranas de la capital morelense refieren que los siete amigos hablaban del problema del narcotráfico que azotaba al país y en especial al estado de Morelos.

En algunos medios de comunicación se dijo que ahí mismo, muy cerca de Sicilia Ortega y sus acompañantes, se encontraba otro grupo de personas. La conversación sobre la crisis de inseguridad y violencia provocó en apariencia un desacuerdo entre ambos grupos y se hicieron de palabras.

Tras salir del bar, Juan Francisco llamó por teléfono a su novia y a sus familiares para informarles que se retiraba y se dirigía a casa. Según relatos del caso, ya a bordo de un auto hizo otra llamada telefónica en la que señaló que un automóvil desconocido los iba siguiendo a él y a sus amigos. Horas después todos fueron asesinados.

Alrededor de las 6:30 horas del lunes 28 de marzo de 2011, la policía ministerial de Morelos fue notificada sobre la presencia de un vehículo sospechoso estacionado frente a un hotel en el fraccionamiento Las Brisas y a sólo unos metros de distancia de la Autopista del Sol México-Acapulco, en el municipio de Temixco. Cuando los ministeriales arribaron al lugar para revisar el automóvil reportado como sospechoso se toparon con una escena macabra. Dentro del coche Honda Civic color arena, con placas de Guerrero GZM-4202, hallaron los cadáveres de siete personas, tres de ellas en los asientos y las otras cuatro colocadas en la cajuela.

En el interior de la unidad también había un mensaje aterrador que enmarcaba los tiempos de violencia, anarquía y terror que se destacaron en el *sexenio de la muerte* de Felipe Calderón: "Esto les pasó por hacer llamadas anónimas a los militares y eso les va a pasar al capitán Barrales y capitán Castillo de la Federal. Att. CDG".

El *narcomensaje* —como se les conoce a estos escritos que presuntamente dejan los grupos criminales junto a sus víctimas— lo firmaba el Cártel del Golfo.

En el reporte pericial se estableció que los siete cuerpos encontrados estaban atados de pies y manos, y presentaban huellas de tortura y asfixia.

A los occisos se les identificó como Juan Francisco Sicilia Ortega, Jesús Chávez Vázquez, Juan Gabriel Alejo Cadena, Julio César y Luis Antonio Romero Jaimes, Álvaro Jaimes Avelar y María del Socorro Estrada Hernández.

Esa ejecución múltiple ocurrida en Cuernavaca desató un escándalo de proporciones nacionales porque reveló la ineficacia del gobierno de Calderón para garantizar la seguridad de los mexicanos, así como las consecuencias sociales y fatales de su fracasada guerra militarizada contra el narcotráfico y la delincuencia organizado.

Juan Francisco Sicilia Ortega, de 24 años edad, estudiante y deportista, era hijo del escritor y poeta Javier Sicilia.

Dejando de lado el dolor y la impotencia por el asesinato de Juan Francisco, el poeta Sicilia se colocó de manera casi natural al frente de un movimiento nacional de padres, familiares y amigos de decenas de miles de personas asesinadas durante la administración calderonista. El miércoles 6 de abril de 2011, bajo el grito y la demanda de "¡Basta! Ni un muerto más", se llevaron a cabo 38 manifestaciones en distintos puntos del país que integraban esa movilización de denuncia y exigencia de justicia.

Extrañamente, horas antes de que en Cuernavaca iniciara la manifestación encabezada por Sicilia, este último fue convocado a una reunión en Los Pinos para entrevistarse con Felipe Calderón.

En esa reunión, según fragmentos de declaraciones publicadas en la revista *Proceso*, el poeta y ahora activista le dijo al entonces mandatario que México se encontraba en una emergencia nacional.

Sicilia le exigió cambiar de estrategia para enfrentar a la inseguridad; sin embargo, Calderón respondió que su gobierno no modificaría sus métodos para combatir a los narcotraficantes y criminales, pero reconoció que cometió errores.

El 1 de diciembre de 2012 acabó el *sexenio de la muerte* con un saldo de más de 100 mil homicidios y miles de desaparecidos, y un sinnúmero de crímenes y delitos bajo la total impunidad.

La promesa de Calderón a Sicilia de que resolvería el caso del asesinato de Juan Francisco y que castigaría a los responsables engrosó el historial de mentiras e impunidad que caracterizaron a aquella administración.

La insensibilidad del expresidente ante tanta muerte que causaron sus errores y su terquedad al no corregir la dirección de un rotundo fracaso político en materia de seguridad no hacía excepciones ni con casos notorios como el de Juan Francisco.

Su guerra militarizada nos acostumbró a los muertos a partir de la pesadilla que resultó su sexenio. México se volvió insensible ante las ejecuciones incluso hasta las más violentas y crueles.

Levantón, pozolero, encobijado, colgado, disuelto en ácido, encajuelado, descabezado, mutilado y acribillado son algunas palabras del horror y ahora comunes en nuestro lenguaje al hablar de inseguridad, criminalidad y narcotráfico, que se agudizaron con la presidencia de Enrique Peña Nieto.

La desestabilización social que desató el movimiento de Javier Sicilia caló en las esferas más altas del gobierno de Calderón y este último se vio obligado a ofrecer resultados a corto plazo, aun cuando no se tratara precisamente de los que buscaban el poeta y los familiares de las otras personas ultimadas en Cuernavaca.

Ante esa presión, a la administración calderonista le urgía capturar a alguien para achacarle el homicidio multitudinario y así lo hizo. En julio de 2011 la Policía Federal (PF), guiada por reportes de inteligencia sustentados en declaraciones de detenidos e informantes, ubicó y capturó a la célula presuntamente responsable del asesinato de Juan Francisco y sus amigos.

Con bombo y platillo el gobierno federal anunció la aprehensión de Julio César Radilla Hernández, *El Negro*, supuesto jefe de la plaza de Cuernavaca, bajo el control del Cártel del Pacífico Sur, a las órdenes de Héctor Beltrán Leyva, *El H*.

Radilla Hernández y sus compinches fueron acusados del asesinato de Juan Francisco y de las otras seis personas.

Las averiguaciones sobre el historial penal de los detenidos conllevaron a que El Negro fuera puesto a disposición del ministerio público federal en Matamoros,

Tamaulipas. El expediente clasificado de la PF concluye que, tras los interrogatorios a los que sometieron a los integrantes de la célula comandada por Radilla Hernández, los autores materiales del multihomicidio no estaban entre los criminales aprehendidos.

Los asesinos y fugitivos de la ley fueron identificados como Ángel Salvador Taboada Valenzuela, *El Conejo* o *El Gato*, y Luis Luquín Delgado, *El Jabón*.

En mayo de 2011, tras el intercambio interagencial de inteligencia, la PF arrestó en Coatzacoalcos, Veracruz, al Jabón y a dos integrantes más del Cártel del Pacífico Sur.

En sus declaraciones ante los agentes federales y posteriormente ante el ministerio público federal, Luquín Delgado declaró que Taboada Valenzuela era el líder de la célula encargada de asesinar al hijo de Javier Sicilia y a sus acompañantes. Dijo tener información de que su cómplice había huido a Estados Unidos o a alguna entidad de la frontera norte de México, particularmente a Chihuahua.

Frente a la presión que ejercía Sicilia y el movimiento civil que encabezaba, el gobierno federal se vio obligado a ofrecer una recompensa de 3 millones de pesos a quien proporcionara datos para ubicar y eventualmente capturar a Taboada Valenzuela.

Con la información aportada por los integrantes del Cártel del Pacífico Sur capturados por la PF se mandó un informe clasificado a la policía estatal de Chihuahua con el fin de que investigara y consiguiera ubicar al Conejo, si es que el criminal se escondía en el estado.

El expediente del asesino material de Juan Francisco fue uno de los tantos que los comisarios de la PF Raúl Ávila Ibarra y Nicolás González Perrin encontraron archivados cuando llegaron a Chihuahua a formar a la Policía Estatal Única (PEU).

Conscientes de la notoriedad del asunto, ambos agentes consideraron prioritaria e inmediata la investigación para capturar a Taboada Valenzuela.

Fue hasta diciembre de 2013 que uno de los equipos del Grupo de Análisis de la PEU recibió los primeros datos en relación con el caso del Conejo. Una fuente confidencial del equipo de reacción comandado por González Perrin les reveló que había conocido en la ciudad de Chihuahua a "un güey" que presumía haber trabajado para los Beltrán Leyva bajo las órdenes directas del H.

El informante señaló que el tipo aseguró haber colaborado con El H en una ciudad del sur del país que no identificó y que andaba escondiéndose porque "la plaza se había calentado" por el caso de unos chavos que habían *levantado* y eliminado. El fugitivo también le contó que trabajaba en un restaurante con el fin de pasar desapercibido y permanecería ahí hasta que se enfriaran las cosas para poder regresar al lugar donde se desempeñaba como integrante de la banda del H.

El Grupo de Reacción se concentró en la tarea del localizar al "sospechoso". A González Perrin —como lo indica el expediente clasificado— le preocupaba que gente de los Beltrán Leyva se aprovechara de la situación provocada por los cárteles de Sinaloa y Juárez, que se encontraban diezmados tras la sórdida guerra que sostuvieron para controlar el estado. El temor de la PEU consistía en que los Beltrán Leyva se propusieran irrumpir como banda criminal en Chihuahua, lo que causaría un aumento desmedido en los índices delincuenciales.

La de Chihuahua es una de las ciudades del norte de México con la fama de tener un gran número de negocios gastronómicos en calles de sus diferentes colonias y barrios. Para ubicar al Conejo, González Perrin diseñó una estrategia de búsqueda con base en el perfil socioeconómico del delincuente; de ese modo descartó los restaurantes con clientes de clase alta y adinerada de la ciudad, así como los de comida rápida.

Por antecedentes de otros casos investigados a lo largo de su carrera, el agente federal intuía que el sospechoso no estaría tranquilo laborando en negocios culinarios con las particularidades descritas.

Con base en esa certeza, los grupos de Reacción y de Análisis se dedicaron a ubicar y poner *plantones* a restaurantes cuya clientela coincidiera con las características físicas y de vestimenta del sospechoso, descritas por el informante.

La depuración de posibles lugares de empleo de quien se suponía podría ser El Conejo facilitó al Grupo de Reacción la vigilancia de restaurantes a los que arribaban vehículos de la preferencia de integrantes de grupos del crimen organizado y el narcotráfico, en los cuales se escuchaba música de banda tradicional del norte de México y preferida también de malhechores, cuyas letras hacen apología a sus actos de violencia criminal y otras fechorías.

Al principio el grupo de la PEU a cargo de González Perrin no contaba con el retrato hablado del investigado, sólo las descripciones físicas que les había dado el informante.

Uno de los agentes de la PEU involucrado en la captura del asesino explica:

> Prácticamente sin nada, empezamos a *peinar* todos los restaurantes que habíamos elegido en Chihuahua, descartando los lujosos. Con los *plantones* que se turnaban de lugar casi todos los días para evitar sospechas, teníamos la seguridad de que en algún momento daríamos con el objetivo.

Un mes después de la operación, el Grupo de Reacción obtuvo un retrato del Conejo. A pocos días, una de las patrullas que mantenía uno de los plantones localizó a una persona cuyo aspecto físico coincidía con el sujeto del retrato hablado.

En colaboración con el Grupo de Análisis, los policías bajo el mando de González Perrin reforzaron la vigilancia en el restaurante donde se ubicó al sospechoso.

Durante los primeros tres días del *plantón* especial los agentes de la PEU que se habían disfrazado de todo —vendedores de periódicos, de paletas de hielo, de pan, de elotes y de todo lo que fuera necesario— no consiguieron tomarle una fotografía al sujeto porque sencillamente no salía del restaurante.

Entonces González Perrin ordenó a una pareja de agentes, hombre y mujer, que entrara como si fuese un matrimonio que acude a comer, pero portando oculta una pequeña cámara fotográfica que les entregó el Grupo de Análisis para hacerle una toma al objetivo con discreción y sin que se diera cuenta.

Mientras comían con tranquilidad, la mujer policía abrió su bolso de mano y sin extraer por completo la cámara tomó varias fotografías al sospechoso cuando este último se desplazaba entre mesas.

La imagen conseguida se sometió de inmediato al proceso de reconocimiento y verificación del Grupo de Análisis, que a su vez corroboraba todo y en cotejo minucioso con los agentes de seguridad del gobierno federal. Luego de algunas horas, la PEU recibió la ratificación de que el hombre al que le tomaron la fotografía era nada más y nada menos que Taboada Valenzuela, *El Conejo*.

Antes de proceder a la captura, González Perrin solicitó a un juez estatal la orden de cateo del restaurante, pues por tratarse de un lugar público la operación debía ser avalada por una corte. El magistrado accedió casi de inmediato, luego de que le revelaran que el objetivo de la operación era presuntamente el asesino del hijo del poeta Javier Sicilia.

La investigación ya estaba integrada en la averiguación y se procedió de inmediato al arresto de Taboada Valenzuela.

El 15 de enero de 2013 el Grupo de Reacción conformado por 12 agentes especiales de la unidad de inteligencia operativa salió de la PEU en dirección al restaurante. Ahí los encargados del *plantón* no perdían detalle. La operación táctica de captura dispersó a varios agentes en puntos estratégicos aledaños al lugar para evitar cualquier fuga del Conejo. Encapuchados y armados como ameritaba la aprehensión de un delincuente de alta peligrosidad, los efectivos de la PEU colocaron a varios de sus elementos en la salida de emergencia del restaurante que daba a un patio en la parte trasera del inmueble.

La coordinación del operativo a cargo de González Perrin —que mantenía contacto constante con los 12 agentes del grupo táctico— dio la orden de acción y de inmediato ingresaron al restaurante. El sorpresivo arribo de los policías encapuchados provocó que El Conejo intentara escabullirse corriendo hacia la salida de emergencia. En el traspatio del inmueble fue interceptado por los agentes que lo esperaban.

El Grupo de Reacción tuvo que aplicar fuerza y técnica de sometimiento contra el delincuente, ya que se resistió al arresto y en un acto de desesperación intentó desarmar sin éxito a uno de los policías.

Un agente recuerda los detalles de la captura:

Nos dio un nombre falso. En el trayecto de traslado del restaurante al Centro de Comando, Control, Cómputo y Comunicaciones (C4), el delincuente insistía en que él no era la persona a la que estábamos buscando. Lo sostenía por los documentos de identificación que le quitamos y en los que estaba registrado con un nombre falso.

Una vez en las instalaciones del C4 de la PEU, y al percatarse de que no tenía salida, la gente de González Perrin le presentó el expediente que tenía en su contra y que incluía las declaraciones del Jabón, quien lo delató como el asesino material del joven Juan Francisco Sicilia Ortega.

El Conejo no tuvo alternativa: durante el interrogatorio al que lo sometieron los agentes —y antes de ser presentado ante las autoridades correspondientes— declaró que en el restaurante donde fue apresado trabajaba lavando platos y atendiendo mesas por el día y por la tarde, y por la noche se desempeñaba como velador del negocio, por eso casi no salía a la calle y se escondía en el mismo lugar en el que laboraba.

Relata el mismo agente federal citado líneas arriba:

Nos dijo que estaba consciente de que lo buscaban muchos agentes y por todos los estados del norte. Sabía por la televisión y por los periódicos de todas las consecuencias desatadas por el asesinato del hijo del poeta Sicilia. No tenía dinero para irse de *mojado* a Estados Unidos y sus jefes en Cuernavaca le pidieron que no los buscara hasta que se calmaran las aguas. Le advirtieron que si lo hacía no tendrían otra alternativa más que *levantarlo* y eliminarlo.

En el expediente clasificado por la PF se informa que el criminal admitió abiertamente haber sido el encargado de matar a Juan Francisco, por órdenes directas del H.

El asesino, que al inicio pensó que si cooperaba con los agentes podría recibir un castigo menos severo por su crimen, reveló entre otras cosas que, como integrantes del Cártel del Pacífico Sur, tuvo la encomienda de reclutar y entrenar a niños sicarios en Guerrero y Morelos.

De entre sus discípulos macabros, El Conejo manifestó haber sido mentor, maestro y guía de Édgar Jiménez Lugo, *El Ponchis*, detenido el 3 de diciembre de 2010 por elementos de la PF en el aeropuerto de Cuernavaca cuando intentaba dirigirse a la frontera norte de México para ingresar a Estados Unidos.

El Ponchis, que al momento de su captura tenía 14 años, era un asesino a sueldo del Cártel del Pacífico Sur dirigido por El H.

Para los infames recuentos del *sexenio de la muerte* de Calderón, El Ponchis se incriminó al declarar haber participado en la decapitación de por lo menos cuatro personas.

El niño sicario dijo que cuando participó en los crímenes, su jefe —El Conejo— se aseguró de que lo hiciera bajo el influjo de las drogas y el alcohol, y siempre con la amenaza de que si no cumplía con las órdenes el muerto sería él.

Jiménez Lugo nació en San Diego, California, y fue separado de su madre cuando tenía cinco años.

Reclutado por El Conejo e integrado a la célula del Cártel del Pacífico Sur a cargo del Negro, Jiménez Lugo admitió haber cometido su primer delito cuando tenía 12 años, que fue detenido y enviado a un reformatorio del cual lo dejaron en libertad por ser menor de edad. Luego se refugió con los secuaces del Conejo quien de inmediato lo introdujo en el sicariato.

El operativo de captura del Conejo es recordado por los que integraron la PEU —bajo el mando de Ávila Ibarra y González Perrin— por dos hechos significativos:

Primero, porque el gobierno de Chihuahua del priista César Duarte Jáquez mantenía archivado el expediente sin darle seguimiento, pese a la notoriedad del asunto.

Y segundo, porque durante las más de cuatro semanas que duró la investigación de inteligencia y el operativo de captura, decenas de agentes de la PEU recorrieron, vigilaron, desayunaron, almorzaron, comieron y cenaron en unos 80 o 120 restaurantes.

Mientras permaneció escondido en el restaurante de la ciudad de Chihuahua, Taboada Valenzuela nunca tuvo en su poder una sola arma, a pesar de haber sido un reconocido pistolero del clan del H.

Por el miedo que le tenía al Cártel de los Beltrán Leyva, y por saber de primera mano lo despiadados que eran sus colegas de las filas de sicarios de la agrupación, El Conejo se mantuvo totalmente alejado de sus fueros en Guerrero y Morelos.

Decidió perderse en el anonimato en Chihuahua como lavaplatos, mesero y velador, antes que ser identificado como operador del H y asesino del hijo del poeta Javier Sicilia.

El delincuente huyó del lugar del crimen porque asumió que el ruido que había causado a escala nacional el asesinato que cometió, en algún momento, orillaría al mando del Cártel del Pacífico Sur a decidir su eliminación y desaparición para prevenir una persecución policial a toda la organización.

En su confesión ante el ministerio público federal, Taboada Valenzuela detalló la manera en que les quitó la vida a Juan Francisco y a sus acompañantes.

Cuatro horas después de haber sido llevado al C4, El Conejo dejó de hacerse el valiente y habló sin tapujos del caso. Admitió que Juan Francisco y las otras seis personas fueron primero atados de pies y manos, y torturados antes de ser ultimados.

La modestia con la que actuó la PEU en este caso fue aprovechada por el gobierno del estado que, sabiendo la trascendencia que revestía la detención del asesino del hijo del poeta Javier Sicilia, y que además el criminal se declarara responsable de la ejecución, se colgó la medallita del éxito de la operación secreta.

Caso Erick Gómez Martínez, *El Manitas*

En 2011, la situación en las ciudades de Chihuahua y Juárez era totalmente endeble. La lucha encarnizada por el dominio de las plazas y las rutas del trasiego de droga en la entidad chihuahuense, entre los cárteles de Sinaloa y de Juárez, que llevaban tres años de pleito, dejó un saldo de cerca de 3 mil muertos en 12 meses.

La Línea, el grupo de sicarios del Cártel de Juárez, estaba diezmado porque les fue casi imposible contrarrestar a los pistoleros de la Gente Nueva de Sinaloa que llegaron a Chihuahua para aniquilarlos. Y ante las imposibilidades de reagrupación como elemento criminal de intimidación, los pocos líderes de La Línea que sobrevivieron a la andanada del Cártel de Sinaloa, en un acto desesperado de sobrevivencia, comenzaron a reclutar a menores de edad, a quienes les pagaban sueldos de mil a mil 500 pesos semanales por cumplir órdenes referidas a una serie de ilícitos, como la ejecución de personas, de acuerdo con los expedientes clasificados o secretos de la Policía Federal.

Entre esos pocos criminales de La Línea que escaparon de las balas de la Gente Nueva, en 2011 la simple mención de Erick Gómez Martínez, *El Manitas*, era sinónimo de terror.

Sin opciones para el trasiego de drogas en Ciudad Juárez, porque la plaza estaba bajo el dominio del Cártel de Sinaloa, El Manitas comenzó a diversificar sus actividades ilícitas.

La célula criminal que conformó optó por extorsionar a comercios y empresas, y llevar a cabo asesinatos a sueldo para mantenerse como parte integral del crimen organizado que imperó y sacudió a la ciudad fronteriza.

El Manitas y sus sicarios se especializaron en la extorsión de negocios de venta de autopartes usadas, que en la jerga juarense son conocidos como *yonkes*.

En Juárez, y básicamente en otras ciudades y poblaciones de Chihuahua, los *yonkes* son altamente lucrativos por estar cerca de la frontera sur de Estados Unidos.

La fuerte baja de ingresos derivados del tráfico de estupefacientes indujo al Manitas a imponer el *cobro de piso* —extorsión— a decenas de pequeñas empresas y negocios.

Los grupos antagónicos a La Línea comandados por la Gente Nueva le cerraron a este criminal y a sus secuaces la menor posibilidad de obtener dinero del negocio de las drogas ilícitas.

El Manitas, que se negaba a aceptar la derrota ante los fureños de Sinaloa, impuso una cadena de terror entre negociantes que le compensó una parte significativa del dinero que dejó de percibir de los narcóticos.

Gómez Martínez —que también se hacía pasar como Gerardo Pérez Vargas— cobraba por derecho de piso un mínimo de 5 mil pesos semanales a cada negocio que extorsionaba. Sus víctimas no tenían otra opción más que pagar la cuota impuesta, si es que deseaban seguir con vida.

Sus sicarios intimidaban a los negociantes con la amenaza de matar a sus hijos, a sus cónyuges, a sus padres o a otros familiares inmediatos, en caso de incumplir.

El éxito del chantaje amplió los horizontes del Manitas, quien también sometió a sus abusos a taxistas, dueños de refaccionarias, *desponchadoras* (vulcanizadoras), tiendas de abarrotes y restaurantes, entre otros pequeños y medianos negocios.

En Ciudad Juárez, su sobrenombre en aquellos años significaba muerte y extorsión.

En grupos de seis, un día a la semana, sus pistoleros se presentaban en los comercios a recoger el pago por el derecho de piso. Los expedientes secretos de la PF sobre el delincuente señalan que su célula criminal cobraba 5 mil pesos semanales por derecho de piso a por lo menos 80 negocios dedicados a la venta de autopartes, sin incluir los demás giros establecidos en su bitácora de extorsiones.

A cambio de ese pago, "el grupo del Manitas otorgaba a sus víctimas permiso para trabajar y la garantía de palabra de proporcionarles protección", se desprende de los documentos clasificados.

La radiografía que las autoridades federales elaboraron sobre la agrupación dirigida por este delincuente describe su método de operación:

A cada negocio llegaban dos sicarios del grupo del Manitas, quienes se entrevistaban con el dueño, gerente o encargado del lugar. Le entregaban un papel en el que se encontraba escrito un número de teléfono celular con la indicación de que debían llamar lo antes posible. Los asaltantes explicaban a los saqueados que en ese número la persona que les contestaría les daría indicaciones precisas e irrevocables del día y la hora precisa en que regresarían a recoger el monto del dinero pactado.

El expediente resalta que los extorsionadores tenían que dejar muy claro a los "clientes" que de no cumplir la exigencia en menos de 24 horas matarían a un hijo o algún familiar. Destaca asimismo que esas "visitas" las supervisaba directamente —a través de un radio— Gómez Martínez, que se encontraba siempre dentro de un automóvil estacionado en cualquier calle de la ciudad.

En 2012, tras llegar a Chihuahua con la encomienda de crear la Policía Única Estatal (PEU), los comisarios de la PF Raúl Ávila Ibarra y Nicolás González Perrin jamás encontraron en los archivos —ni en la sección de casos pendientes que estaba en manos de la anulada policía estatal durante el gobierno del priista César Duarte Jáquez— "una sola denuncia formal, por lo menos —ni en el departamento de averiguaciones previas o en la Procuraduría General de Estado—, referida al grupo criminal de Gómez Martínez".

La PEU sostiene que el grupo del Manitas obtenía ingresos semanales de 300 mil a 400 mil pesos, producto de las extorsiones a comerciantes.

A pocos meses de comenzar a operar bajo la nomenclatura de la PEU, al escritorio de González Perrin entró una llamada de emergencia describiendo que en la esquina de las avenidas Vallarta y Zaragoza, en la ciudad de Chihuahua, dentro de un negocio de autopartes usadas, se encontraba una persona gravemente herida por una bala, como resultado de un aparente asalto a mano armada.

El Grupo de Reacción de la PEU envió a sus elementos más cercanos al lugar del altercado y los policías estatales arribaron justo en el momento en que los delincuentes salían, por lo que de inmediato los interceptaron.

Los elementos de la PEU lograron capturar a cinco de los seis delincuentes, a quienes les quitaron sus armas de fuego de alto poder. En el interior de la tienda de autopartes usadas los agentes hallaron sin vida, sobre el suelo, a Manuela Villalobos Lozano, de 69 años, propietaria del negocio, que se rehusó a pagar la cuota por el derecho de piso.

Villalobos Lozano se enfrentó a balazos con los extorsionadores. Según la declaración de los pillos capturados, cuando se le reportó al Manitas que la dueña del lugar no pagaría esa cuota ni ninguna otra, el jefe de la célula descendió de su auto que estaba estacionado en la calle, desde el cual supervisaba las incidencias, entró al negocio y con su rifle AK-47 —cuerno de chivo— mató sin miramientos a la mujer.

Tras percatarse del arribo de los agentes de la PEU, El Manitas ordenó a sus sicarios que se colocaran frente a los policías para que pudiese huir con éxito, exigencia que logró a costa de la captura de cinco de sus seis subordinados.

Por la declaración de los pistoleros anulados en el operativo, la PEU se enteró de que Gómez Martínez no contaba con una de sus extremidades superiores, razón por la cual en La Línea lo apodaron *El Manitas*.

Los cinco sujetos aprehendidos, todos originarios de Ciudad Juárez, fueron identificados como Jorge Ernesto Flores Olivas, de 20 años; Armando Montoya Delgado, de 25; Jesús Manuel Mancinas García, de 28; César Iván Leyva Rodríguez, de 20, y Alejandro Arturo Meneses, también de 20 años, que resultó herido durante el enfrentamiento.

Las declaraciones de los homicidas de la señora Villalobos Lozano fueron integradas al expediente que el Grupo de Análisis de la PEU elaboró para el desarrollo de la operación de inteligencia destinada a la captura del Manitas y sus secuaces.

Con base en los datos aportados por los denunciantes se consiguió la descripción física del Manitas, el tipo de vehículo en el que se desplazaba y algunos detalles de sus métodos de operación, como el hecho de que siempre se hacía acompañar por sicarios fuertemente armados. A los oficiales asignados a la misión de ubicar y aprehender al Manitas se les resaltó la estrategia más peculiar del peligroso delincuente: se reunía con sus pistoleros a sueldo en lugares públicos, de modo que durante una persecución o un enfrentamiento armado los agentes de la ley no corrieran el riesgo de herir o abatir a civiles inocentes congregados en dichos sitios.

El caso del Manitas fue técnicamente el debut en Chihuahua del grupo de policías estatales formado por Ávila Ibarra y González Perrin. El asunto era de alta prioridad para los dos agentes de la PF porque se trataba de un extorsionador, asesino y responsable de un número descomunal de secuestros.

A pocas semanas de estudiar el expediente, el Grupo de Análisis a cargo de Jaime Avilés Castañeda ya tenía un perfil claro de Gómez Martínez.

Discípulo de criminales de la peor calaña formados en La Línea, El Manitas aplicaba los métodos más crueles para conseguir que las personas extorsionadas cumplieran con la cuota semanal que les impuso como pago de derecho de piso en sus propios negocios.

Para mantener su fama de horror e intimidación, su célula delictiva, tanto en Chihuahua como en Juárez, quemó varios negocios de dueños que se resistieron a sus chantajes.

Recién iniciadas sus labores la PEU, los sicarios del Manitas incendiaron una ferretería, dentro de la cual falleció una persona a causa de las quemaduras.

A muchas víctimas que secuestraron con fines de extorsión en los negocios que saqueaban, las ejecutaron sin miramientos por incumplir el pago de sus rescates en las fechas que El Manitas determinó para ello.

El Grupo de Análisis de la PEU, que realizó un minucioso escrutinio de los documentos congelados sobre el caso de Gómez Martínez durante el gobierno de Duarte Jáquez, descubrió que el entonces Centro de Investigación y Seguridad Nacional (Cisen) poseía información que pasó totalmente desapercibida por la administración estatal.

Los datos del Cisen sobre El Manitas llevaban poco más de un año archivados, hasta que el Grupo de Análisis los rescató. De acuerdo con el expediente secreto del caso, el comisario Ávila Ibarra —tras revisar la información recopilada por el delegado del Cisen al respecto— decidió organizar un operativo de inteligencia que duraría el tiempo que fuera necesario hasta lograr la captura.

Llamó la atención del comisario de la PF el hecho de descubrir que el Cisen compartió el expediente sobre El Manitas con la policía del estado, la ministerial, la municipal y hasta con el Ejército, y que ninguna de estas instituciones, por casualidad o apego a sus labores, intentara capturar al criminal.

La primera orden de González Perrin al equipo de reacción fue averiguar en los negocios a los que supuestamente extorsionaba el grupo investigado.

A través de informantes y con base en declaraciones de elementos de la desaparecida policía municipal —de la cual algunos de sus miembros se integraron a las filas de La Línea— se procedió a la aprehensión de presuntos pistoleros a sueldo pertenecientes al grupo delincuencial. La PEU recabó datos sobre posibles domicilios de delincuentes ligados al Manitas y de ciertas casas de seguridad que reventó, en las que asimismo localizó información relevante que fortaleció el proceso e investigación del caso.

Un agente de la PF refiere que, a los pocos días de iniciar la pesquisa, la PEU comenzó a seguir a un automóvil sospechoso con vidrios polarizados. En una de esas jornadas descubrieron que la persona que lo conducía mostraba un patrón inalterable de actividades: los lunes por la noche, después de las 19:00 horas, acudía sin falta a un autolavado y siempre en compañía de una mujer. Dicha actividad ya estaba asentada en el informe del Cisen e incluía datos minuciosos y varias fotografías del conductor. El organismo de inteligencia identificó el vínculo entre este último y los extorsionadores, sicarios y secuestradores de la célula del Manitas.

Nadie antes que González Perrin tomó en serio esa información. El 24 de abril de 2012, poco después de las 18:00 horas, dos elementos del Grupo de Reacción vestidos de civil se infiltraron como clientes en el negocio de lavado de autos que está ubicado en la Plaza Vallarta de la ciudad de Chihuahua. Su misión —que debían ejecutar de manera discreta— consistía en reportar primeramente la presencia del sujeto en el lugar y luego corroborar que se tratara de la misma persona que aparecía en la fotografía proporcionada por el Cisen.

La PEU tomó todas las precauciones posibles. Previo a la infiltración, otros 10 agentes estatales, también vestidos de civil, se posicionaron en puntos estratégicos de la Plaza Vallarta, listos y armados para entrar en acción en caso de que la identificación del Manitas resultara positiva.

El agente federal entrevistado destaca:

> Fue un operativo delicado, pues contábamos con información de que El Manitas pondría a decenas de sus compinches a apoyarlo en caso de que la policía intentara detenerlo. El tipo no sabía que ya éramos otros los encargados de los policías estatales y que estábamos operando de manera totalmente diferente a la de nuestros antecesores.

La PEU armó un operativo de inteligencia incluso previendo una disputa a tiros con la célula del Manitas. Los policías estatales llegaron al lugar equipados con todo lo necesario para conseguir la captura.

A las 19:08 horas del 24 de abril de 2012, los agentes infiltrados reportaron al Grupo de Reacción el ingreso del sospechoso, que, en efecto, era el mismo individuo de la fotografía.

Se informó que el delincuente no tenía una mano —la izquierda—, lo cual consolidó aún más la certeza de su identidad.

Gómez Martínez arribó al autolavado como lo señalaba el patrón de sus actividades en poder de la PEU: acompañado por una mujer.

Para el operativo, González Perrin consideró todos los aspectos previsibles e incluso los riesgos de un potencial enfrentamiento, con el fin de evitar daños colaterales.

El autolavado se ubicaba en el estacionamiento de la Plaza Vallarta, lo cual complicaba la estrategia ya que si se diera el fuego cruzado siempre existía la posibilidad de afectar a civiles.

Los agentes infiltrados reportaron que la acompañante llevaba una maleta. El objetivo llegó al lugar sin escolta, como era su costumbre, y de inmediato introdujo su vehículo al lavado.

La referida maleta generó inquietud en el mando policial. Sospechaban que podría contener ropa sucia, pero ante la incertidumbre González Perrin ordenó interceptar al objetivo antes de que entrara a la sala de espera donde había civiles.

En lugar de dirigirse a ese punto, El Manitas y su acompañante caminaron hacia una lavandería, trayecto que los policías estatales aprovecharon para rodearlos. Otros elementos ya estaban dispuestos en un perímetro de seguridad con el fin de contener cualquier intento de sus sicarios de rescatar al jefe.

El delegado del Cisen había advertido a los de la PEU que tanto El Manitas como sus pistoleros eran diestros en el manejo de cuernos de chivo y rifles R-15, lo cual potenciaba los riesgos de daños colaterales derivados de un inminente enfrentamiento.

Los policías estatales también bloquearon uno de los túneles de entrada y salida al estacionamiento de la Plaza Vallarta. "Se tomaron todas las precauciones posibles como corresponde a un operativo de captura de un delincuente de altísima peligrosidad", subraya el agente de la PF.

Cuando El Manitas descubrió que los agentes vestidos de civiles lo tenían rodeado, echó a correr y dejó a la mujer con todo y maleta.

Gómez Martínez huyó hacia el autolavado para intentar abordar su vehículo, pero los otros agentes apostados en el lugar lo detuvieron antes de que siquiera se acercara a la unidad.

Los elementos policiales también detuvieron a la acompañante y en su auto localizaron un rifle AK-47.

Aunque lo hubiese deseado, Gómez Martínez no habría podido evitar el arresto porque no portaba ningún tipo de arma.

El cuerno de chivo que le decomisaron lo tenía bajo el asiento trasero, oculto a las personas que lavarían el carro.

Su captura de inmediato aportó credibilidad a la PEU comandada por Ávila Ibarra y González Perrin.

A menos de 48 horas de que las autoridades anunciaran ante los medios de comunicación la captura del peligroso asesino, secuestrador y extorsionador, se presentaron 32 denuncias en su contra por parte de comerciantes que lo acusaron formalmente de extorsión.

Erick Gómez Martínez fue declarado en términos penales responsable del delito de extorsión agravada, por lo que se le impuso una sentencia de 40 años de cárcel. Posteriormente se le enjuiciaría por el asesinato a sangre fría de Manuela Villalobos Lozano.

Con las declaraciones que obtuvo del Manitas, la PEU continuó ampliando las investigaciones de inteligencia respecto de la célula criminal bajo su mando. A pocos días de la aprehensión del jefe de la banda, el Grupo de Reacción capturó a más de 10 de sus pistoleros a sueldo.

En el curso de la investigación posterior a la caída de este delincuente, la PEU se percató de que mucha información recolectada por el Cisen era errónea. Por ejemplo, el que se diera como hecho que Gómez Martínez siempre se desplazaba escoltado por más de una docena de sicarios.

De entre los detenidos se concluyó —por las pesquisas del grupo a cargo de González Perrin— que Aldo Armando Márquez Marrufo y Óscar Daniel Lerma Ruiz eran los delincuentes que acudían a los negocios a entregar el papel a los dueños o encargados de los mismos con el número telefónico al que debían comunicarse para definir la cantidad del cobro de piso por cubrir cada semana. Ambos socios del Manitas fueron sentenciados a 72 años de prisión.

Otro capturado fue Cristian Martín Esquivel García, un expolicía estatal ya vinculado a proceso por el delito de extorsión. Lo declararon miembro activo de la célula del Manitas gracias a que se le identificó en varios videos, tomados en diferentes negocios, solicitando y cobrando el pago del derecho de piso. Esquivel García, también exintegrante de La Línea, recibió un castigo de 35 años de cárcel al ser encontrado culpable del delito de extorsión.

Ante los arrestos y las investigaciones de la PEU, el grupo criminal se fue desmantelando de manera paulatina y a causa del miedo que le tenían a los agentes bajo el mando de Ávila Ibarra y González Perrin.

Varios de los malhechores integrantes de dicha célula se mudaron a otros estados y a distintas ciudades o poblados de Chihuahua.

El agente de la PF, que insiste en que no se le identifique con su nombre, comenta:

Hay un dato curioso de esta nuestra primera operación en la entidad. Como no teníamos garantías ni conocidos, ni en el ministerio público ni con los jueces ni con nadie, decidimos entregar al Manitas directamente a la fiscalía general del estado, zona centro. Aparte de que lo teníamos detenido, contábamos con las declaraciones de víctimas que podían identificar con facilidad al acusado. Antes de llevarlo ante la fiscalía y para evitar cualquier circunstancia contraproducente, pedimos a cinco personas que habían sido extorsionadas por él que acudieran a nuestra sede para identificarlo; lo hicieron. No queríamos cometer el menor error para que lo soltaran las autoridades estatales. Teníamos miedo y sospechas de que lo podían hacer.

Con la identificación por parte de las víctimas no había manera de que no lo procesaran, por eso lo llevamos directamente a la fiscalía. No conocíamos a nadie en el estado, no sabíamos con quiénes nos estábamos metiendo. Creo que por ello El Manitas ni siquiera intentó ofrecer dinero para que lo dejaran libre. Normalmente ese tipo de criminales ofrecen dinero cuando son muy poderosos y cuando están ante pocas personas, dos o tres o hasta un grupo de cinco. Pero si ven a tantos, como éramos en ese momento, se sienten apocados.

A un policía estatal o municipal estando solo le pueden ofrecer 50 mil pesos. Con un grupo más numeroso no pueden hacer eso, y lo saben.

Caso Juan Carlos Sandoval Seáñez, *El Sabritas*

En su guerra contra la Gente Nueva del Cártel de Sinaloa, el Cártel de Juárez vio caer uno a uno a los líderes de La Línea, su gremio de sicarios dedicados a contrarrestar la andanada fuereña.

En 2011 fueron anulados criminales de La Línea de altísima peligrosidad como Antonio Guzmán Zúñiga, *El Brad Pitt*; Jesús Antonio Rincón Chavero, *El Tarzán*; Gonzalo García, *El Chalo*, y otros tantos más cuyos apodos al ser nombrados causaban pánico en las calles de Chihuahua y Ciudad Juárez. Entre estos últimos sobresalían El Diego, El Pariente y El Chester.

La debilidad del Cártel de Juárez, a cargo de Vicente Carrillo Fuentes, *El Viceroy*, lo condujo a reformar a su ejército de pistoleros y en un acto de desesperación nombró jefe de La Línea para la plaza de la ciudad de Chihuahua a Juan Carlos Sandoval Seáñez, alias *El Sabritas*. A principios de 2011 este criminal asumió la responsabilidad de contrarrestar al Cártel de Sinaloa y a todos los integrantes de la Gente Nueva.

Con su ascenso en La Línea, Sandoval Seáñez sorprendió no solamente a sus enemigos de Sinaloa, sino a todas las agencias de seguridad del estado y federales, pues modificó radicalmente la manera de operar de aquella organización delictiva.

Los sicarios del Cártel de Juárez, en cuyas filas también había menores de edad, tenían como marca operativa y distintiva aniquilar a sus objetivos con armas largas de alto poder y transportarse en camionetas de modelos recientes. Asimismo, los llamados *chiquinarcos* —como se les conocía— se vestían con ropa cara y de marca.

Hasta antes de la llegada del Sabritas al comando en Chihuahua, los integrantes de La Línea eran fáciles de reconocer porque se la pasaban derrochando dinero y bebida en los antros de moda de las ciudades importantes del estado.

Dicha característica les fue resultando contraproducente, ya que pistoleros de la Gente Nueva los ubicaban sin dificultad y los *levantaban* o ejecutaban en los mismos lugares donde los encontraban.

El Sabritas desechó el reclutamiento de menores de 13 años. Los de nuevo ingreso debían tener mínimo 15 y máximo 20.

Seleccionaba con meticulosidad a quienes se dedicarían al sicariato, por lo que a los menores de 18 años los empleó como *halcones*.

Los *halcones* se dedicaban día y noche a observar en las calles los puntos importantes para el tráfico de drogas y otras actividades criminales de relevancia. Tenían la misión de reportar de inmediato a sus superiores la llegada y los movimientos de gente extraña y de elementos policiacos en las zonas vigiladas.

Dichas acciones de vigilancia propiciaron un éxito temporal, ya que gracias a los informes de los *halcones* el Cártel de Juárez pudo realizar con mayor soltura el transporte de drogas y la ejecución de enemigos.

La diversificación de sus actividades ilícitas incluyó como obligación el robo de automóviles, porque resultaban fundamentales para el desplazamiento de los narcóticos.

El Sabritas aumentó el sueldo a los integrantes de La Línea que estaban bajo su responsabilidad. Los informes clasificados de la PF sostienen que un *halcón* o sicario perteneciente a esa organización ganaba 2 mil pesos a la semana. El jefe de la plaza suprimió la ejecución de personas con armas largas. La nueva orden consistía en aniquilar a enemigos y otros objetivos con armas cortas, a menos que se tratara de contrincantes peligrosos como policías o miembros de las fuerzas armadas. De acuerdo con la ideología criminal del Sabritas, el uso de armas cortas llamaría menos la atención de las autoridades y confundiría los trabajos periciales que podrían descartar relación con grupos del narcotráfico u otras actividades inherentes.

Ese nuevo perfil bajo de La Línea arrojó los resultados esperados y el mismo Sabritas adoptó estrictamente el elemento de la clandestinidad.

Durante 2011 —hasta entre los mismos elementos de La Línea— era un misterio la identidad del jefe de la plaza de Chihuahua y representante del Viceroy. "Ni el apodo se conocía", así lo indican los diferentes documentos de inteligencia de la PF.

Cuando debía presentarse ante sus subordinados, El Sabritas nunca se identificaba como mando ni daba su nombre ni su alias, simplemente se asumía como otro peón del patrón que lo había mandado a repartir las órdenes. Lo veían nada más cuando se consideraba necesario.

Llegó 2012 y nadie sabía nada del jefe de La Línea en la plaza de Chihuahua. A su arribo a esta entidad para integrar a la Policía Estatal Única (PEU), los comisarios de la PF Raúl Ávila Ibarra y Nicolás González Perrin desconocían por igual el nombre o el apodo de uno de los sujetos que integraban la lista de objetivos de máxima prioridad para intentar restablecer la seguridad en el estado.

Los pocos y primeros informes que recabó la PEU en 2012 sobre la nueva Línea en Chihuahua indicaban que el líder de la agrupación era un hombre de complexión robusta y que sus pistoleros y *halcones* se movían en vehículos compactos y no en autos de lujo.

Bajo la dirección del Sabritas, La Línea daba la impresión de que podría recuperar todo lo que el Cártel de Juárez había perdido en Chihuahua frente a la Gente

Nueva de Sinaloa. El 2011 fue un año altamente lucrativo para El Sabritas, sus jefes y su gente.

Con el arranque de las operaciones de inteligencia —y con auténticas labores de investigación que llevó a cabo la PEU a principios de 2012—, los comisarios Ávila Ibarra y González Perrin dedicaron buena parte del primer periodo de ese año a combatir el problema del robo con violencia de automóviles. Entre los capturados por la nueva policía estatal se hallaban mujeres, algunos sicarios e integrantes de pandillas como Los Aztecas y Los Sureños, que también estaban asociados a La Línea, o que para realizar "trabajos especiales" eran subcontratados por la gente del Sabritas.

Los informes de inteligencia de la PEU enumeran una amplia gama de declaraciones de los detenidos por robo con violencia de automóviles, en las que el apodo *El Sabritas* se mencionó de manera recurrente. Varios imputados responsabilizaron a este sujeto desconocido de organizar el hurto de los vehículos y de ser el proveedor de armas y equipo de comunicación para llevar a cabo el delito y cometer asesinatos.

La PEU armó un operativo de inteligencia que abarcó toda la ciudad, pero eran muchas y constantes las denuncias de robo con violencia de autos que recibían casi a diario, y el caso del Sabritas se fue relegando entre las prioridades.

El expediente clasificado de la PF sobre el asunto indica que en una ocasión uno de los declarantes capturados por robo de vehículo ofreció la primera pista amplia que conllevó a la identificación más precisa del sujeto robusto.

"La versión indicaba que las órdenes y las armas eran suministradas por un señor gordo que viajaba en una miniván viejona, de cuyo espejo retrovisor colgaba un rana de peluche", se lee en el expediente elaborado por la PF.

Con base en ese dato curioso —la rana en el espejo—, la PEU llevó a cabo varios operativos de inteligencia en diferentes colonias de la ciudad de Chihuahua. Los agentes estatales intentarían ubicar el vehículo descrito como comando para el robo de autos.

Se elaboraron "mapas geodelictivos" de la parte norte de la urbe, porque en aquella zona La Línea estaba mejor posicionada.

Con lo anterior, la PEU consiguió capturar a integrantes de una célula dedicada al robo de autos con violencia, cuyo cabecilla afirmó que proveían carros al Sabritas.

Gracias a ese golpe, el grupo de González Perrin obtuvo un dato más específico: en efecto, al jefe que repartía armas y organizaba las actividades ilícitas de La Línea lo apodaban *El Sabritas*.

El método cauteloso de operar del criminal obligó al Grupo de Reacción de la PEU a mantener abiertos todos sus canales de recepción de información, a través de delincuentes detenidos que ofrecieran mayores detalles para el caso.

Uno de los dos agentes federales que operaron en Chihuahua en aquella época expone:

Acostumbrados a batallar con los fantoches tradicionales de La Línea, los policías estatales que estaban en la PEU se vieron desconcertados y desubicados por la manera de operar del Sabritas. Fue un cuate que cambió las reglas del juego de los sicarios bajo las órdenes del Cártel de Juárez.

La PEU no se cruzó de brazos y cotejó los datos que aportaban los robacoches detenidos con información de casos recientes de criminales de relevancia como el del Wicked y el de otros aprehendidos por cometer asesinatos, extorsión o secuestros, y que formaban parte de La Línea u otras pandillas.

La idea rindió frutos. Se comenzó un proceso de análisis de información que marcó un común denominador para el caso del Sabritas. Surgió otro aspecto de su comportamiento criminal de muy bajo perfil: citaba a varios de sus subalternos en el estacionamiento de una tienda Soriana, al que siempre llegaba en la miniván con una mujer al volante y con el distintivo de la rana de peluche.

Narra el agente de la PF:

En el estacionamiento de Soriana el sujeto entregaba las armas y las llaves de un auto [robado] que ya estaba en el lugar para que se dirigieran a realizar el trabajo que les acababa de encomendar.

El Sabritas les recordaba que, una vez terminada la misión, debían regresar el auto al estacionamiento de Soriana con las armas escondidas en su interior, para que después él u otras personas pasaran a recuperar el armamento y el carro. Los matones que cumplían dicha orden estaban obligados a mantener el perfil bajo y evitar levantar cualquier sospecha e irse del estacionamiento de Soriana en autobús, una vez dejado el automóvil ahí con las armas en la cajuela o debajo de los asientos.

El expediente secreto abunda al respecto:

Ninguno de los que trabajaban para El Sabritas hacía preguntas; no se atrevían a preguntarle su nombre o su apodo ni a entablar conversación con la mujer que lo acompañaba. Atreverse a ello les hubiese costado la vida. Todo estaba planeado para ocultar la identidad y la verdadera posición de Sandoval Seáñez en la pirámide de mando de La Línea y en la estructura del Cártel de Juárez.

Por varios meses —y de tiempo completo— la PEU se dedicó a rastrear una miniván con una rana de peluche colgada en el espejo retrovisor.

Otro dato determinante cayó en manos del Grupo de Reacción: el referido vehículo era una Windstar Caravan color morado; eso reducía notablemente el radio de búsqueda y de objetivos.

La orden de los comisarios federales a sus dirigidos fue irrevocable: detener a toda miniván morada, y más aún cuando se tratara de una que tuviera un muñeco de peluche en alguna parte del parabrisas.

La cacería llevaba ya casi cinco meses sin conseguir el objetivo. Nadie sabía nada del Sabritas, de la mujer que llevaba de conductora ni mucho menos de la rana de peluche.

"Mientras tanto seguíamos deteniendo a mucha gente de La Línea, nuestros operativos de inteligencia estaban golpeando muy duro a ese grupo criminal", recuerda el agente de la PF.

Para mala fortuna de los mandos de la PEU, ningún detenido tenía vínculo directo con El Sabritas.

Aunque el operativo de revisión de minivanes moradas se amplió a todo el estado, la PEU se concentró más en la ciudad de Chihuahua, porque tenía indicios de que El Sabritas vivía ahí.

La captura de jefes —e integrantes de La Línea— de otras plazas en la entidad fue cerrando el círculo. Una de ellas resultó clave: la de Antonio Chávez Olivas, *El Cepillo*, detenido en la colonia El Porvenir luego de una persecución en auto que duró varios minutos. La PEU ubicó a este delincuente porque se desplazaba en un Malibú modelo 2000 con reporte de robo con violencia.

La segunda captura destacable fue la de César Sandoval Seáñez, *Chanate*, en la calle 26 de Junio de la colonia

2 de Octubre; se le buscaba por asesinato y robo de automóviles a mano armada. Al momento de su aprehensión se le encontró una pistola calibre 9 milímetros, abastecida con siete cartuchos útiles.

Chanate, hermano del Sabritas, confesó ser operador y *halcón* de La Línea que recibía instrucciones del jefe para robar autos o ejecutar personas.

Su aprehensión detonó que la PEU se concentrara en una operación de inteligencia y captura del máximo mando de La Línea en la ciudad capital de Chihuahua.

Sobre el caso, el agente de la PF entrevistado relata:

Hasta ese momento no contábamos con mucha información, no teníamos un número de teléfono celular para rastrear o un domicilio, sólo contábamos con los datos de la miniván con la rana de peluche y la descripción de que El Sabritas era obeso.

En mayo de 2012 surgió otro asunto determinante para lo que buscaba la PEU. Su Grupo de Reacción daba seguimiento a los supuestos planes de asesinato de un empresario, con datos proporcionados por un informante. González Perrin había montado los operativos de inteligencia, *plantón* y captura para la fecha y el lugar indicados en los que presuntamente se cometería el homicidio del citado hombre de negocios. Ocurriría en la esquina que formaban dos calles no muy lejos del domicilio de la probable víctima.

No se trataba de uno de los grandes empresarios de Chihuahua pero era un tipo con valor y principios que rechazó pagar a La Línea la cuota semanal de extorsión que se le exigía.

El Grupo de Análisis sabía que los asesinos —a los que ya les pisaba los talones— se trasladarían en motocicleta y que al llegar a la esquina indicada atacarían.

El día señalado para la ejecución los agentes ya llevaban 20 minutos siguiendo a los sicarios. Conocían de antemano la hora del ataque y, con el fin de prevenir cualquier sorpresa, se anticiparon ese lapso al operativo de seguimiento y rastreo.

El empresario viajaba en su camioneta pickup marca Chevrolet color blanco, y cuando estaba por llegar a la esquina fatídica los agentes capturaron a los atacantes, quienes fueron tomados totalmente por sorpresa y no opusieron la menor resistencia.

Con los detenidos en custodia la PEU activó sus métodos de inteligencia para identificarlos y rastrear las armas que les decomisaron. Se trataba de una pequeña célula de asesinos a sueldo, ligada también a La Línea.

Una de las armas incautadas había sido vendida después de que con ella se cometió un homicidio. Se adquirió específicamente para ultimar al empresario. A bordo de la moto se detuvo a dos personas que portaban armas cortas. Tras el interrogatorio al que fueron sometidos en el C4, los delincuentes guiaron a los policías hacia un tercer involucrado.

En el expediente hay un detalle que debe destacarse para entender la metodología de investigación que la PEU aplicó en Chihuahua bajo el mando de los dos comisarios federales.

El citado empresario desconocía que lo pretendían matar y que la policía lo estaba protegiendo. Le informaron del fallido ataque en el mismo lugar donde se planeó materializar el atentado en su contra. Fue trasladado por separado al C4 con el fin de que identificara a sus atacantes, que se presumía habrían sido los mismos que le exigieron la cuota de extorsión. No reconoció a ninguno de los tres detenidos.

En el C4 lo condujeron a una sala para que escuchara las declaraciones de sus frustrados atacantes, sin que estos últimos lo vieran. Con sumo detalle contaron todo el operativo que habían orquestado para matarlo.

En un apartado del expediente con una acotación al margen se narra que el empresario se indignó tanto al enterarse que de no haber sido por los policías estatales habría sido hombre muerto.

Les rogó a los jefes de la PEU que le permitieran unos minutos con esos canallas asesinos para meterles unos chingazos. "Por favor, jefe, por favor, permítame meterles unos putazos a esos hijos de su chingada madre, asesinos", imploró el empresario infructuosamente.

Acostumbrado a los abusos y a la corrupción de la antigua policía del estado, el hombre de negocios —cuyo nombre por seguridad se resguarda— ofreció dinero a los mandos de la PEU para que lo dejaran desquitarse unos minutos con sus fallidos asesinos. Ante la rotunda negativa, y para su sorpresa, ya menos enojado pidió disculpas por su tentativa de cohecho.

Uno de los detenidos que participaría en la ejecución, al verse perdido habló con toda franqueza ante los agentes de la PEU. Entre otras cosas admitió ser integrante de la pandilla de Los Aztecas y relató que en más de una ocasión operó a nombre de un jefe que apodaban El Sabritas, a quien aseguró conocer y saber dónde vivía junto con su familia.

Tras varios meses de investigaciones minuciosas y seguir pistas que no llevaron a nada, la PEU, luego de frustrar la ejecución de una persona por designio de La Línea, pudo conseguir lo que buscaba.

De inmediato urdieron un plan para montar el operativo de captura. En términos jurídicos estaban en un predicamento: las declaraciones del detenido legalmente no funcionaban para conseguir una orden de cateo.

Debido al hecho de que desconocían a todos en el gobierno y que no confiaban en nadie, a los jefes de la PEU les generaba temor que se filtrara la información que habían obtenido y que se les escapara Sandoval Seáñez.

Al quedarse sin alternativas optaron por el viejo recurso del denunciante anónimo. Ante el juez argumentaron que la PEU recibió la llamada anónima de un ciudadano preocupado que denunció un domicilio en el que registró actividades sospechosas, pues en varias ocasiones observó a sus ocupantes meter y sacar armamento. El juez autorizó la orden de cateo.

Sin perder tiempo, el Grupo de Reacción se alistó de inmediato para ir a reventar la casa e instalar el perímetro de seguridad que incluyó la designación estratégica de francotiradores.

González Perrin y su gente estaban conscientes de que irían por el jefe de La Línea y de la plaza de Chihuahua. Asumieron —por el expediente del caso— que el delincuente estaría fuertemente armado y opondría resistencia.

Antes de que entrara la tarde, ese día de mayo de 2012, con el mayor sigilo, el grupo de intervención de la PEU —integrado por ocho elementos muy bien armados— arribó a la vivienda. Cada integrante cumplió su encomienda conforme al adiestramiento que los comisarios de la PF les habían proporcionado.

Uno de los policías abrió la puerta y detrás de él, en cuestión de milésimas de segundo, ingresaron seis elementos más para apoderarse del entorno y *peinar* el inmueble.

Afuera de la casa permaneció un oficial, uno de los más diestros en el uso de armas largas y en operaciones tácticas, cuya responsabilidad consistía en resguardar y proteger a sus compañeros en caso de una retirada. Los efectivos del Grupo de Reacción habían sido entrenados para nunca dar la espalda en una situación de riesgo o enfrentamiento armado, como podría suscitarse al incursionar en la vivienda de un criminal de la talla del Sabritas.

El perímetro de seguridad abarcó cuatro cuadras, considerando que se trataba de la aprehensión del cabecilla de la banda especializada en la ejecución de personas y ligada al Cártel de Juárez.

Entre sus planes la PEU vaticinó un posible intento de rescate por parte de los asesinos de La Línea.

En las azoteas de dos viviendas aledañas, y en paralelo uno al otro, dos francotiradores no despegaban el ojo de la mira telescópica de su rifle del ato poder, desde el momento en que sus ocho compañeros ingresaron en el domicilio donde presuntamente estaba el objetivo del operativo.

La PEU desplegó a 22 policías en total para evitar la fuga del Sabritas y disminuir las probables bajas entre sus filas en caso de un enfrentamiento con sicarios.

El expediente secreto del caso enfatiza que en el operativo de reventar la casa no fue necesario hacer un solo disparo porque estaba vacía. Los siete elementos que se introdujeron en sus espacios la revisaron centímetro a centímetro y corroboraron la ausencia de habitantes en ella o la existencia de salidas ocultas. Lo que sí localizaron al instante fue el armamento.

Aseguraron dos armas largas calibre 7.62 × 39 y tres cargadores abastecidos con 30 cartuchos útiles cada uno, un arma larga calibre 223 con dos cargadores y 50 cartuchos útiles. En el garaje estaba estacionado un automóvil Chevy modelo 1998, cuyo reporte de robo se registró en septiembre de 2011.

Las armas se hallaban escondidas en los clósets de dos habitaciones. El desconcierto de los policías por la ausencia de personas dentro de la casa fue total; sin embargo, en la cocina González Perrin —de acuerdo con lo que señala el expediente— notó que sobre la estufa había una olla con frijoles hirviendo y en otra prepararon arroz. En la sala encontraron un perro que asumieron era la mascota del lugar.

Ante las circunstancias, el paso inmediato consistió en instalar un *caballo de Troya*, operativo empleado en situaciones de asalto a un domicilio cuando el objetivo se encuentra fuera del mismo y existen indicios de que regresará.

Los elementos del Grupo de Reacción —incluido el que había permanecido en la retaguardia— *limpiaron* la escena y se escondieron estratégicamente dentro del inmueble a esperar la llegada de sus ocupantes.

Los policías que instalaron el perímetro de seguridad se ocultaron en sus puestos para evitar cualquier situación que pudiese alertar al objetivo. Aunque en ese caso —y después de que descubrieron que la vivienda se hallaba vacía— el jefe del operativo no podía descartar la posibilidad de que El Sabritas fuera advertido y en ese momento se encontrara lejos del lugar; pero se veía obligado a mantener por horas el *caballo de Troya*.

La casa era de un solo piso, de unos 110 metros cuadrados de terreno, con tres recámaras pequeñas, cocina, comedor, sala y un solo baño. El agente especialista en el manejo de armas de alto poder se colocó detrás del portón de la entrada que daba a la calle. Lo tendrían copado totalmente en caso de que regresara.

Antes de eso los policías estatales sacaron todas las armas del inmueble y las trasladaron a una de las camionetas camufladas de civil que usaba la PEU para operaciones de captura.

A minutos de haberse escondido, los agentes que montaron el perímetro de seguridad —con sus sistemas de comunicación especiales— reportaron a sus colegas que permanecían dentro de la vivienda que a la misma se acercaba una miniván morada. Al arribar el vehículo al lugar, de su interior descendieron un hombre y una mujer, ambos de estructura física obesa.

Cuando el hombre abre la puerta e ingresa a la casa, de inmediato es capturado por el policía que se hallaba detrás. El sospechoso y su acompañante no intentaron nada, no opusieron resistencia.

En segundos los policías que se ocultaban en el interior salieron de la vivienda y afuera otros elementos del perímetro de seguridad se acercaron para llevarse lo más deprisa posible, hacia el C4, a la pareja detenida, que en esos momentos se encontraba sin sus hijos. En la miniván morada los agentes encontraron pegada al parabrisas —y no colgada al espejo de retrovisor— la famosa rana de peluche.

"Ya le tenemos su rana, jefe", reportaron los oficiales a su superior, quien les había exigido que, de resultar exitoso el operativo, si la encontraban, era de extrema prioridad que se la llevaran.

"Era una rana de peluche color verde en cuyas patas tenía ventosas para poder ser pegada a los vidrios", se lee en uno de los anexos del expediente del Sabritas referido a las evidencias.

Al momento de su detención, Sandoval Seáñez no portaba arma, lo cual encajaba a la perfección en la descripción de su perfil criminal que lo había hecho exitoso en su carrera delincuencial precisamente porque se hacía pasar por un civil común y pacífico.

En las oficinas del C4, al darse cuenta de que los policías tenían un largo expediente sobre su persona, el delincuente sucumbió. Admitió ser Juan Carlos Sandoval Seáñez, *El Sabritas*, responsable de la plaza de Chihuahua por encomienda del Cártel de Juárez y cabecilla del grupo de sicarios conocido como La Línea.

Por su parte, la esposa, Melody Carolina Olvera Ortiz, confesó haber estado al tanto de todas las actividades criminales de su marido y declaró que siempre lo acompañaba junto con sus dos hijos menores de edad, para que pasaran totalmente desapercibidos ante las autoridades que los buscaban.

Al Sabritas no le decomisaron dinero. En su casa la PEU no halló nada, aunque luego se enteraron de que los millonarios ingresos que recibía eran enviados —en su mayoría— a sus jefes en Ciudad Juárez, y que los que le correspondían podrían estar escondidos en casas de seguridad cerca de la frontera con Estados Unidos o en compartimentos secretos enterrados a las afueras de la ciudad capital de estado.

Con base en la declaración del Sabritas la PEU reventó otra casa de seguridad vinculada a La Línea. En dicho inmueble, ubicado en la calle Paseo Albino, en la colonia Camino Real, fueron capturados Javier Guadalupe Carrasco Chávez, Joaquín Ramírez Castillo y Guillermo Alvarado Méndez, a los que se les aseguraron armas largas, cortas y cartuchos.

El Sabritas admitió haber sido el que dio la orden al Wicked de asesinar a la activista Marisela Escobedo Ortiz. Aceptó su responsabilidad en 26 homicidios, varios de los cuales fue autor material.

De entre sus crímenes confesos, los documentos clasificados de la PF señalan que El Sabritas ejecutó a tres personas a principios de 2011 en la colonia Tarahumara de Chihuahua; que el 7 de agosto de ese año, en la esquina que conforman la Calle 4 y Julián Carrillo, en la capital del estado, asesinó a una pareja, y que tres días más tarde ultimó a un policía de tránsito en el Periférico de la Juventud y Ortiz Mena; posteriormente asesinó a otra persona en una mina de Zacatecas.

El Sabritas reconoció asimismo haber ordenado la ejecución de un policía estatal y otro municipal, ocurridas el 18 de febrero de 2012; la de un hombre dentro del bar El Jale y la de otra persona más, el 20 de febrero de ese año, en la colonia Cerro de la Cruz. Todas en la ciudad capital de Chihuahua.

El 17 de abril de 2012, El Sabritas participó en un intento de homicidio fallido contra varias personas que se encontraban dentro de una carnicería en la colonia Valle Dorado. Esa misma tarde sus sicarios le quitaron la vida a un hombre en la colonia Chihuahua, y el 19 de abril ordenó el asesinato de una persona dentro del bar Las Quintas. En mayo de ese año, días antes de su captura, ordenó el asesinato de tres personas en el bar Las Arleyas, y el de un policía municipal en la Calle 15 esquina con Misión Santa Bárbara.

En su historial como autor intelectual de homicidios a manos de sicarios de La Línea, El Sabritas se adjudicó la muerte de otras 13 personas más, ultimadas en un plazo de sólo nueve días.

Las autoridades del estado y la PEU, por las declaraciones de otros pistoleros de La Línea posteriormente aprehendidos, calculan que Juan Carlos Sandoval Seáñez dio la orden de que ejecutaran a varios centenares de personas, posiblemente cerca de unas mil.

Caso enfrentamiento en Guadalupe y Calvo

El municipio de Guadalupe y Calvo se ubica en una de las regiones más conflictivas de la sierra de Chihuahua.

Desde hace muchos años, hasta la fecha, es territorio dominado completamente por el Cártel de Sinaloa, que se lo arrebató a fuerza de bala y muerte al Cártel de Juárez.

Como lo es casi toda la serranía chihuahuense, esa zona en particular es un punto estratégico para el trasiego y transporte de drogas procedentes de Coahuila, Durango, Sinaloa, Sonora y de varias entidades del centro y sur del país, como Michoacán, Estado de México y Guerrero, y también de países de Centro y Sudamérica.

Los linderos desérticos de la frontera norte de Chihuahua son una joya invaluable para los narcotraficantes por las ganancias que les genera introducir desde ahí todo tipo de estupefacientes a Estados Unidos.

Las drogas ilegales corren como el viento por caminos, senderos, barrancos y valles de aquella bella e inhóspita sierra bajo el control de criminales sanguinarios.

Guadalupe y Calvo se encuentra a 494 kilómetros de distancia hacia el sur de la ciudad de Chihuahua y cuenta con una población aproximada de 54 mil habitantes.

Por compartir frontera —al este con Sinaloa y al oeste con Durango—, al municipio se le considera la puerta natural de entrada a Chihuahua de cargamentos de drogas que luego viajan por diferentes rutas hacia el norte los 824.8 kilómetros de distancia que hay desde allí hasta Ciudad Juárez, la plaza más importante y valuada entre los capos para meter su mercancía a Estados Unidos a través de la ciudad de El Paso, Texas.

Para desgracia de sus habitantes, que no son ajenos al negocio de los enervantes, la lucha militarizada contra los cárteles durante el gobierno de Felipe Calderón fue como una especie de maldición porque la muerte y la sangre se extendieron por todos los poblados y rancherías de Guadalupe y Calvo.

En esa localidad serrana la presencia de sicarios del grupo delictivo Gente Nueva, brazo ejecutor del Cártel de Sinaloa, propició un número muy alto de homicidios, desapariciones forzadas de personas, extorsión, abigeo y —claro— de la venta de cargas de droga para su distribución en otro lado.

La población civil de Guadalupe y Calvo estaba desesperada porque, además de vivir bajo el dominio de los narcotraficantes, las autoridades estatales bajo el mando del gobernador priista César Duarte Jáquez no hacían caso a sus exigencias de que los rescataran de aquel infierno que se asentó con alta efervescencia en el trienio 2012-2014.

Esos gritos de auxilio de las comunidades llegaron a oídos de los comisarios federales Raúl Ávila Ibarra y Nicolás González Perrin, que dirigían la Policía Única Estatal (PEU), la cual llevaba dos años asestando fuertes golpes a las organizaciones criminales en Chihuahua.

Como jefe máximo de la PEU, Ávila Ibarra ordenó que de manera secreta el Grupo de Análisis a cargo del agente estatal Jaime Avilés Castañeda trasladara al atribulado municipio una unidad de operaciones especiales, tácticas y operativas. En enero de 2014 los efectivos policiales llegaron al lugar y de inmediato comenzaron a hacer investigaciones con el fin de ubicar y desmantelar a la célula de la Gente Nueva. El punto de operación de la PEU en Guadalupe y Calvo para aquella misión fue la comunidad de La Mesa de San Rafael.

Los primeros informes que el equipo instalado en la sierra envió a las oficinas centrales de la corporación en la ciudad de Chihuahua señalaban que "la población estaba tan atemorizada que había dejado de presentar quejas a las autoridades por el miedo a las represalias de los matones del Cártel de Sinaloa".

Durante cuatros días consecutivos el trabajo de campo de la unidad de operaciones especiales se concentró en realizar entrevistas cognitivas a algunos pobladores.

Los primeros avances con la información recabada permitieron identificar tres puntos geográficos en los que el grupo delictivo acostumbraba reunirse. Se ubicaron en poblados del municipio de Baborígame y en dos pueblos de Guadalupe y Calvo: La Mesa de San Rafael y Carreras, los cuales forman parte del Triángulo Dorado de la Sierra Madre Occidental.

Los agentes también obtuvieron nombres de algunos integrantes de la Gente Nueva, incluido *El R2*, apodo de quien presuntamente era el jefe.

Informes de pobladores indicaban que aquellas localidades eran patrulladas por los criminales a pie y a bordo de unidades todo terreno y camionetas de doble tracción.

El expediente de la PF sobre esa operación secreta señala que el 21 de enero de 2014 agentes de la PEU detectaron la casa de reunión de la Gente Nueva en Baborígame, que supuestamente pertenecía al R2.

En algún momento de ese día la unidad especial registró la vivienda, pero no localizó personas dentro, aunque hallaron víveres y cobijas.

Al día siguiente, cerca de las 21:00 horas, a las afueras de La Mesa de San Rafael, los agentes estatales ubicaron una casa de adobe que, de acuerdo con pobladores que se atrevieron a proveer datos a los oficiales, era el centro de reunión de la Gente Nueva.

Ocultos bajo la oscuridad, los policías se acercaron al inmueble y cuando estaban a unos 300 metros de distancia de la puerta detectaron que del interior salían luces. Para ellos era claro que había personas dentro, por lo que decidieron avanzar.

Cuando se encontraban a unos 50 metros de la entrada, de diferentes puntos de la vivienda les comenzaron a disparar con armas de fuego de alto poder.

Los agentes se replegaron para colocarse en posición de resguardo tras los vehículos en los que habían llegado al punto de operación.

Ante el ataque, el jefe del grupo de la PEU gritó a sus atacantes: "¡Policía estatal! ¡Policía estatal!" Obtuvo como respuesta una amenaza y otra ráfaga de disparos de alto poder: "¡Ya se los cargó la verga! Somos gente del Chapo [Joaquín Guzmán Loera, entonces líder de una facción del Cártel de Sinaloa]".

De inmediato los oficiales adoptaron el posicionamiento circular característico de las tácticas especiales instituidas por Ávila Ibarra y González Perrin, lo cual les permitió una visión periférica del objetivo para evitar la fuga de quienes se hallaban dentro del inmueble, y al mismo tiempo poder responder de manera efectiva a un inminente intento de liberación por parte de otros criminales que llegarían al rescate de sus compinches.

La unidad reportó al comisario Ávila Ibarra —pendiente de las acciones desde el C4 de la PEU en Chihuahua— que estaba en medio de una refriega a tiros con un grupo de posibles narcotraficantes o sicarios de la Gente Nueva en La Mesa de San Rafael.

El jefe máximo alentó a sus policías y avaló la táctica que emplearon para responder al fuego y rodear la casa de adobe; les pidió que lo mantuvieran constantemente informado y reportaran cualquier incidente extraordinario —si llegase a ocurrir— durante el operativo. Confiaba en el éxito de sus muchachos porque poseían excelente adiestramiento en todos los aspectos.

Un par de horas después de la primera llamada que los agentes hicieron desde La Mesa de San Rafael para reportar el enfrentamiento, el comisario recibió otra y urgente del efectivo a cargo de la misión:

Necesitamos refuerzos de inmediato; llevamos dos horas de enfrentamiento constante y no dejan de dispararnos desde el interior de la casa de adobe. De seguir así, y respondiendo al fuego, estaremos en peligro de quedarnos sin municiones y a merced de los atacantes.

En el C4 se prendió la alarma: los agentes estatales más cercanos a La Mesa de San Rafael estaban en Creel, a 200 kilómetros de distancia y a cuatro horas de recorrido por carretera.

El comisario ordenó que una unidad especial de Creel bien armada saliera de inmediato rumbo a Guadalupe y Calvo, a reforzar a sus 18 colegas que se hallaban bajo ataque de armas largas de alto poder en La Mesa de San Rafael.

La balacera se escuchaba por todos los rincones de la población, pero ni así la policía municipal de Guadalupe y Calvo se acercó a husmear por el lugar, y mejor, porque los agentes de la PEU sabían que sus contrapartes locales integraban la nómina de pagos de la Gente Nueva, y si llegaban a la casa de adobe, en lugar de ayudar a doblegar a los criminales, de seguro intentarían rescatarlos. Con la presencia de los municipales, el equipo especial de la PEU podría ser abatido. Para su fortuna, aquéllos nunca llegaron.

Cerca de las 3:00 horas del 23 de enero, 12 refuerzos fuertemente armados procedentes de Creel arribaron —con muchas municiones— al sitio de la reyerta.

La unidad especial llevaba seis horas de enfrentamiento a tiros con los ocupantes de la casa de adobe que no dejaron de disparar durante ese tiempo.

Ávila Ibarra imaginó que con los 30 agentes la situación cambiaría de manera radical, pero no fue así: sus efectivos le comunicaron que seguían bajo la tormenta de balas calibre 223 —de los cuernos de chivo AK-47—. Entonces decidió enviar otra unidad especial en helicóptero o en avión de Chihuahua a La Mesa de San Rafael y con dos rifles Barrett calibre 50.

La intervención táctica de los policías estatales en aquel poblado no podía avanzar ni con los refuerzos de Creel por la cantidad de poderosas ráfagas que salían del pequeño inmueble rústico.

La base central de la PEU en la ciudad capital instruyó a sus hombres apostados en La Mesa de San Rafael que a las 4:00 horas —aproximadamente— dejaran de responder al fuego con fuego, de modo que los criminales se sintieran confiados y tomaran un respiro, lo cual favorecería al esquipo especial. La orden también poseía otra motivación táctica: dar tiempo a que los otros integrantes del Grupo de Reacción solicitados llegaran al lugar.

El mandamás de la PEU estaba consciente de la grave situación que enfrentaban sus elementos en el Triángulo Dorado, territorio dominado por el Cártel de Sinaloa.

Viejo sabueso en el combate al narcotráfico, temía que los capos de aquella organización criminal supieran del enfrentamiento en La Mesa de San Rafael y que desplegaran a su ejército de sicarios de la Gente Nueva para ir a eliminar "con todo" a los policías.

Su desesperación ante ese posible escenario tenía fundamentos sólidos. Aunque hubiese querido en ese momento enviar por avión o por helicóptero a unos de sus agentes más avezados pertenecientes al Grupo de Reacción, con rifles calibre 50, no habría sido posible. En Chihuahua el cielo estaba oscuro y el gobierno de César Duarte Jáquez proporcionó a la PEU una flota de transporte aéreo integrada por una pequeña avioneta y un helicóptero que siempre requerían mantenimiento (obsoletos). No podían despegar en la noche y menos rumbo a la sierra porque no tenían luces.

Pese a la dificultad técnica, Ávila Ibarra instruyó a tres de sus agentes con más experiencia que salieran hacia el aeropuerto de la ciudad y se dirigieran a La Mesa de San Rafael con armas especiales y municiones cuando la madre naturaleza se los permitiera.

Mientras tanto, los criminales atrincherados en la casa de adobe seguían disparando con la misma intensidad con la que comenzaron el enfrentamiento. Aunque los policías estatales no cesaron su respuesta, sí fueron más cautos al usar sus municiones pues sabían que pronto llegaría otro refuerzo poderosamente artillado con los Barrett calibre 50.

La táctica alrededor de la casucha operaba estratégicamente y de acuerdo con el manual. Al mantenerla de ese modo los policías nunca dispararon al mismo tiempo. Lo hacían de forma sincronizada para evitar daños colaterales en fuego cruzado.

La posición de ataque y resguardo cambiaría de inmediato con el arribo de los elementos del Grupo de Reacción. Todos estaban preparados para eso, incluso los refuerzos que llegaron de Creel y que no poseían el adiestramiento especial que González Perrin impartió a los 18 elementos de la unidad especial enviada al municipio de Guadalupe y Calvo.

Fue hasta las 6:30 horas que la pequeña avioneta pudo despegar del aeropuerto de la ciudad de Chihuahua, con un piloto y los tres agentes del Grupo de Reacción.

Dos horas después, luego de hacer un reconocimiento aéreo táctico de la zona donde se ubicaba la casa de adobe, el agente encargado del operativo táctico ordenó al piloto aterrizar sobre un campo baldío no lejos del punto de operación.

La estrategia para confrontar al enemigo se modificó: pasó de operación de captura a una de eliminación.

El agente ordenó a sus compañeros asumir la posición de asalto en forma de ele (L), que completaron en un par de minutos, cuyo propósito consiste en nulificar las bajas por fuego cruzado.

Otros elementos del Grupo de Reacción —y algunos de la unidad especial de 18 agentes que llevaban horas en la refriega— cambiaron de armas y con rifles especiales se posicionaron en puntos geográficamente estratégicos. Ahora fungían como francotiradores para resguardar a sus compañeros del ataque con los poderosos y letales calibre 50.

Los cuernos de chivo no cesaban de vomitar balas, lo cual indicaba al nuevo agente a cargo que en aquella casucha de adobe y techumbre de lámina de zinc debía haber varios criminales parapetados.

De pronto comenzaron a "ladrar" los dos Barrett en manos de los policías estatales entrenados en el manejo efectivo de ese tipo de armas. ¡Pum! ¡Pum!, retumbaban los rifles disparados desde una posición elevada en relación con la casa.

El pelotón de agentes no lo entendía, el desconcierto era total. Los delincuentes no dejaban de accionar los AK-47 y lo hacían aun con mayor intensidad.

En una de sus páginas, los documentos que la PF posee de esa operación resaltan:

El ataque con los Barrett calibre 50 no hacía mella en los criminales que continuaban disparando sin descanso. Las ojivas de estas armas no despedazaban —como pensaron los policías estatales— los adobes de aquella casa. Los adobes anchos y gruesos se comían las balas calibre 50, que cuando se disparan con un rifle Glock de mayor potencia son capaces de atravesar varias paredes de concreto. Los adobes eran una barrera altamente efectiva de defensa que tenían aquellos pillos autodeclarados integrantes de una célula del Cártel de Sinaloa, dependiente de las órdenes de la facción del Chapo Guzmán.

Desde su llegada a La Mesa de San Rafael, el agente del Grupo de Reacción decidió no comunicarse con el C4 en la ciudad de Chihuahua hasta que terminara —y con éxito— la operación que se complicó mucho más de lo imaginado.

El comisario Ávila Ibarra se mantenía pendiente pero no acongojado por la falta de comunicación. Conocía la capacidad y la efectividad de los tres elementos que viajaron a la sierra de Chihuahua. Entendía que el agente a cargo de la situación solamente establecería contacto con él por dos situaciones: para informarle la culminación positiva de la operación o para solicitar más refuerzos si el Cártel de Sinaloa acudía con un ejército de matones a liberar a sus secuaces.

Aunque parezca una oración desprendida de una novela de ficción, en aquellos años y en distintos pueblos del Triángulo Dorado de los tres estados del norte de la República el Cártel de Sinaloa —con decenas de pistoleros portadores de armas largas de alto poder, rifles y pistolas calibre 50— había combatido al Ejército, a la Marina y a la PF para resguardar a sus líderes o a un cargamento importante de droga, sin sufrir un revés de notoriedad y sin bajas significativas entre sus filas.

Se apreciaba imposible que los agentes de la PEU pudieran acercarse a la casa. Si los calibre 50 no arrojaban los frutos esperados, enviar a elementos para intentar derribar la puerta y combatir frente a frente al enemigo sería una misión suicida.

Los intensos disparos de los AK-47 no menguaban, y pese a las casi 12 horas de enfrentamiento la disputa podía alargarse más, entonces se corría el riesgo del arribo de otros pistoleros de la Gente Nueva.

El jefe pidió a los especialistas en el manejo de los calibre 50 que no dejaran de atacar. Mentalmente había diseñado un plan alternativo sustentado en las características de la casa de adobe, que sí tenía un flanco débil, que daría el resultado deseado.

El expediente de la operación secreta de la PF en el municipio de Guadalupe y Calvo expone:

El jefe de la operación táctica ordenó a varios elementos de la policía estatal bajar de la avioneta los lanzagranadas calibre 40 que habían llevado de Chihuahua. Dispararían esas armas sobre el techo de zinc de la casa de adobe, en forma de parábola.

El objetivo consistía en incendiar las vigas de maderas que sostenían el techo de lámina, lo cual obligaría a los delincuentes —por el humo y por las llamas producidos— a abandonar su refugio.

En cuanto intentaran salir, los agentes de la PEU dispararían sobre sus atacantes si resultaba el plan.

Al recibir los primeros disparos de lanzagranadas en el techo, los criminales robustecieron aún más las ráfagas de sus cuerno de chivo. ¡Ta, ta, ta, ta, ta, ta! No paraba el ritmo letal de las balas calibre 7.62 × 39 y 223. El enfrentamiento, como lo recuerda un oficial que participó en el mismo, y que por razones de seguridad se le mantiene en el anonimato, "era igualito al de las películas de guerra o del viejo oeste de Estados Unidos".

La formación estratégica en ele (L) comenzaba a funcionar.

Pecho tierra, los elementos de la PEU se mantenían listos para recibir a los criminales cuando salieran corriendo de la casa de adobe que ya estaba en llamas.

"Fue una balacera increíble y de muchas horas", recuerda el policía entrevistado sin dar detalles de aquella situación que, pese al paso de los años —afirma—, lo sigue persiguiendo por las noches como pesadilla.

Tras abrirse de manera violenta la puerta de aquella vivienda, uno de los policías estatales se levantó y recibió un disparo en el costado. Murió al instante y sus colegas se encargaron de anular a cuatro malhechores.

Un silencio mortal invadió el ambiente, ese silencio escalofriante y fúnebre de las armas que surge al terminar enfrentamientos entre criminales y agentes de la ley.

De repente, un grito clamoroso irrumpió desde el rústico inmueble en flamas: "¡Me rindo!, ¡me rindo!, ¡me rindo!", rogó. Con las manos en alto, y ante la mirada de los más de 30 elementos de la PEU consternados y dolidos por la muerte de su compañero —que nunca debió abandonar la posición pecho tierra—, apareció un joven de apenas 17 años con las manos en alto.

Los agentes lo sometieron y lo esposaron de inmediato. Antes de que siquiera le preguntaran, el muchacho les informó que dentro del domicilio no había nadie más, que solamente eran cinco los que provocaron toda esa situación.

En una de las páginas del expediente secreto de aquel enfrentamiento que duró tantas horas en el municipio de Guadalupe y Calvo se resalta:

Tras la detención del delincuente que se rindió, se inspeccionó la casa y se confirmó que dentro de la misma no había ninguna otra persona. No se entendía que solamente cinco personas hubiesen mantenido por tantas horas, con esa intensidad, el enfrentamiento con las armas de alto poder. El criminal detenido explicó el motivo de la férrea defensa que él y sus cómplices sostuvieron. Tenían cuatro rifles de alto poder, tres AK-47 y un R-15. Contaban con varias cajas con miles de cartuchos y atacaron a los policías con un sistema de relevos. Los criminales estaban tirados sobre el piso de tierra de la casa y cada uno de los cuatro posteriormente eliminados por los policías disparaba por turnos, para evitar que con tanto uso se sobrecalentaran las armas.

Su posición a ras de suelo los convirtió en un blanco inalcanzable para los disparos de los elementos de la PEU dentro de la casa de adobe. Una vez descargada el arma de quien estuviera disparando en ese momento, el delincuente se arrastraba a otro punto del piso para que lo remplazaran y así sucesivamente. El adolescente de 17 años se encargaba de abastecer de municiones a los cargadores vacíos de los cuerno de chivo y del R-15. Una estrategia perfecta desde el punto de vista táctico en un enfrentamiento armado de esa naturaleza, tanto para los narcotraficantes como para cualquier agencia policial.

Los criminales nunca imaginaron que aquella vieja construcción con paredes de adobe sería un escudo excepcional frente a un arma tan poderosa como el Barrett calibre 50.

Salvo casos especiales, las agencias de seguridad del Estado mexicano tienen prohibido utilizar los calibre 50 en una zona urbana. Cuando se utilizan en una operación, dichas armas se disparan de forma vertical, con un ángulo bajo, de modo que el proyectil se incruste en el piso cuando se dispara contra las paredes de un inmueble, porque de lo contrario seguiría su trayecto de manera horizontal y destruiría todo lo que encontrara de frente.

En la declaración que el delincuente capturado rindió ante las autoridades correspondientes, contó que sus cuatro socios pensaron que al disparar a diestra y siniestra podrían huir con vida hacia las faldas de la tupida sierra, tras abandonar la casa de adobe.

El oficial de la PEU asesinado en la histórica balacera suscitada en el municipio Guadalupe y Calvo se llamaba José Lorenzo Andrade.

Los cuatro integrantes de la célula criminal de la Gente Nueva eran originarios del poblado San José Nepomuceno, perteneciente a la cabecera municipal de Baborígame.

A los fallecidos se les identificó como Evelario Gutiérrez, *El 40*; César Candelario Gutiérrez, *El 80*; Juan Luis Gutiérrez, *El R2*, y *El Tehuas*, cuyo nombre de pila nunca se logró conseguir.

Héctor C. Ch., de 17 años, el sobreviviente, admitió también haberse enrolado con la Gente Nueva para convertirse algún día en capo del narcotráfico y en un sicario.

Dentro de la casa, junto a las cuatro armas largas, los elementos de la PEU recogieron mil 700 balas calibre 223 y 2 mil 500 proyectiles calibre 7.62 × 39 milímetros, sin usar.

La captura del Chapo Guzmán en Los Mochis

Desde hace varios años, los grupos de élite de la Marina y Armada de México (Semar), entrenados en Estados Unidos, han sido un azote para los capos del narcotráfico y sus células activas. Las operaciones de inteligencia y el intercambio de información que llevan a cabo con las agencias federales estadounidenses que tienen presencia en México han sido clave para capturar o eliminar a importantes cabecillas y para desmantelar sus organizaciones delictivas.

Contrario al Ejército, la Semar cuenta con una mejor imagen ante la sociedad mexicana y ante los organismos de seguridad del vecino país del norte cuando se habla del combate al narcotráfico, porque sus elementos son menos susceptibles a la corrupción relacionada con el dinero que emana del trasiego de estupefacientes.

No obstante, esa buena reputación no la hace infalible ni mucho menos acreedora absoluta de los golpes más famosos asestados a grupos criminales y poderosos como el Cártel de Sinaloa.

Tras la espectacular fuga de Joaquín *El Chapo* Guzmán del penal de máxima seguridad del Altiplano, en Almoloya de Juárez, Estado de México, en julio de 2015 —digna de un guion cinematográfico—, varios grupos especiales de la Semar se dedicaron por completo a ubicar al narcotraficante para capturarlo con vida o eliminarlo si se daba el caso.

Con el antecedente de que dicha institución gubernamental colaboró logísticamente en la captura del citado capo el 22 de febrero de 2014 en Mazatlán, Sinaloa, con la participación directa de agencias estadounidenses —DEA, FBI, U.S. Marshals y CIA—, su escape del Altiplano se percibía como una responsabilidad enteramente de los marinos mexicanos que debían resarcir.

Durante casi un año la Semar y las referidas entidades de seguridad norteamericanas se mantuvieron en amplia y abierta colaboración para detener a quien fuera jefe de una facción del Cártel de Sinaloa. Sin ser un verdadero capo de capos en la estructura de mando de la poderosa organización criminal, El Chapo representaba un objetivo de captura primordial para el gobierno de Enrique Peña Nieto, a quien el narcotraficante exhibió como ineficiente. La fuga de Guzmán Loera por un túnel del penal del Altiplano quedará por siempre en la historia criminal del país como un monumento a la corrupción por narcotráfico del sexenio peñanietista.

Con tecnología de rastreo y ubicación de telefonía celular y satelital proveída por sus contrapartes del norte, y aprovechando su debilidad por las mujeres, a mediados de 2016 la Semar le seguía la sombra al célebre criminal. En las ciudades sinaloenses de Mazatlán y Los Mochis se llevaron a cabo diversos operativos para capturarlo, pero en apariencia los marinos siempre llegaron tarde a las múltiples y sofisticadas guaridas del narcotraficante.

La frustración imperaba en cada informe que el gobierno federal rendía a la prensa sobre la persecución de quien se consideraba el "criminal más buscado y peligroso del mundo", según las propias agencias federales estadounidenses. El más buscado posiblemente sí, pero entre ser el más peligroso y la realidad de Guzmán Loera como prófugo de la justicia había un océano.

Los mitos que hasta la fecha persisten sobre El Chapo —recluido en la prisión de Súper Máxima Seguridad en Florence, Colorado, el capo sinaloense purga una sentencia de cadena perpetua más 30 años de cárcel, tras haber sido declarado culpable en la Corte Federal de Distrito Este en Brooklyn, Nueva York por delitos como homicidio, tráfico de drogas y lavado de dinero— hicieron de su cacería un asunto de orgullo y reivindicación en las filas de la Semar, a la que le urgía sacarse la espina tras ser desenmascarada, primero en un reportaje de mi autoría en la revista *Proceso* y luego en un libro publicado en Estados Unidos, en 2017, sobre la verdad de la aprehensión del capo en Mazatlán.

Fueron agentes de la DEA, la CIA, los U.S. Marshals y el ICE los que, ataviados con uniformes de la Marina de

México, atraparon al Chapo en aquel famoso departamento del puerto sinaloense cuando se encontraba durmiendo con su esposa Emma Coronel.

La recaptura de Guzmán Loera —o tercera aprehensión, como se le quiera llamar, acontecida el 8 de enero de 2016, en Los Mochis— fue una "casualidad" y una operación llevada a cabo de principio a fin por agentes de la Policía Federal (PF) sin participación o colaboración de un solo elemento de la Semar.

Este trascendente hecho para el gobierno de Peña Nieto estuvo a casi nada de desatar una disputa armada entre marinos y agentes de la PF porque el vicealmirante que andaba al acecho del Chapo quiso colgarse una medalla que no le correspondía y que le hubiese significado el reconocimiento de sus jefes, el titular de la Semar y el presidente Peña Nieto.

El incidente y los detalles de la operación con la que la PF atrapó por casualidad al afamado narcotraficante también fueron descritos de manera oportuna en otro reportaje de la revista *Proceso*.

Azares del destino o suerte en esta bendita profesión del periodismo, no lo sé, pero tuve la fortuna de encontrarme, conocer y entrevistar a los dos agentes que atraparon al Chapo.

El agente de la DEA, Víctor Vázquez, que vestido de marino mexicano aprehendió al narcotraficante en Mazatlán —por cierto, su mano derecha se volvió famosa en todo el mundo al aparecer en una fotografía sujetando la cabeza de Guzmán Loera, imagen que filtró la CIA a una agencia de noticias de Estados Unidos para que diera la noticia exclusiva y con pruebas (la foto del sometimiento) de que el capo de capos había caído— me reveló los pormenores de aquella operación y, para que no dudara de que fueron ellos —los estadounidenses— y no la Semar los que lo atraparon, me mostró las evidencias.

En su teléfono celular, el agente Vázquez me enseñó fotografías suyas, de sus colegas de la DEA y de las otras agencias, que captaron el sometimiento del Chapo en el condominio de Mazatlán. Se tomaron fotos con su presa, con y sin pasamontañas, para que no quedara duda de la identidad de los auténticos captores. Ese agente de la DEA no se despegó ni un minuto de Joaquín Guzmán. Incluso, vestido de marino mexicano y encapuchado, viajó con el criminal desde Mazatlán hasta el hangar de la Procuraduría General de la República (PGR) en la Ciudad de México, para entregarlo personalmente a las autoridades civiles federales del gobierno de Peña Nieto, que posteriormente lo presentaron ante los medios de comunicación.

En el hangar de la PGR ocurrió un incidente peculiar que, de acuerdo con lo que me relató el agente de la DEA, corrobora que aquella operación de captura ejecutada por los oficiales estadounidenses se llevó a cabo en secreto y sin que se filtrara a las altas esferas del mando civil en el gobierno federal.

Ramón Eduardo Pequeño García, entonces jefe de la División de Inteligencia de la PF y actualmente prófugo de la justicia de México y Estados Unidos acusado de narcotráfico, lavado de dinero y colusión con el Cártel de Sinaloa en ambos países, asumiendo que quien trasladaba al criminal era un marino mexicano, quedó paralizado cuando reconoció al agente estadounidense luego de que este último se quitara el pasamontaña. "¿Tú qué haces aquí?", balbuceó Pequeño García.

El oficial a cargo del operativo de captura aquel 8 de enero de 2016 en Los Mochis sustentó sus afirmaciones con los videos que grabó de Guzmán Loera estando bajo su custodia. En ellos se exhibe a un criminal derrotado y consciente de que había llegado el fin de su carrera delictiva.

Esas videograbaciones de Joaquín Guzmán Loera, realizadas en la Ciudad de México, en el hangar de la PGR del Aeropuerto Internacional Benito Juárez, constituyen la prueba fehaciente de que fue la PF y no la Semar —como esta última pretendía hacer creer a los medios de comunicación— la que dio el golpe definitivo al criminal nacido en La Tuna, municipio de Badiraguato, Sinaloa.

"Fue una situación delicada pero se logró el objetivo que era entregar a Guzmán Loera a la PGR", comenta uno los agentes de los servicios de inteligencia mexicanos entrevistado para desarrollar el recuento del operativo de la PF en Los Mochis.

La recreación de lo ocurrido aquel 8 de enero derriba la versión oficial que dio el gobierno de Peña Nieto sobre la captura del narcotraficante, extraditado a Estados

Unidos el 19 de enero de 2017 bajo la administración del presidente Barack Obama, un día antes de que Donald Trump asumiera el control de la Casa Blanca.

En la madrugada del viernes 8 de enero de 2016 se registraron varios incidentes inusuales en Los Mochis. La ciudadanía sabía que esas actividades correspondían a la búsqueda del Chapo Guzmán porque los medios de comunicación reportaban que el narcotraficante se escondía en algún lugar de la ciudad.

La PF tomó nota de esos "movimientos sospechosos". Días antes, por las calles mochitecas se desplazaban vehículos cuyas características —modelo reciente, blindados, doble tracción y vidrios polarizados— hacían pensar que podrían pertenecer a alguna organización criminal dedicada al tráfico de enervantes.

Al amanecer de ese viernes se registró un enfrentamiento, en una casa de seguridad del Cártel de Sinaloa, entre elementos de la Semar e integrantes de esa poderosa organización del narcotráfico.

La balacera fue grabada por los marinos que luego distribuyeron el video a los medios de comunicación para simular que ellos eran los captores de Guzmán Loera. En el inmueble los sistemas de inteligencia de la Marina y de las agencias estadounidenses habían detectado la presencia de Iván Gastélum Cruz, *El Cholo Iván*. Cuando se disponían a capturarlo, los compinches del narcotraficante los recibieron a tiros.

Ese conjunto de situaciones excepcionales en Los Mochis activó los sistemas de alerta del gobierno federal.

Ante esas circunstancias —y minutos después de que los marinos se enfrentaran con la gente del Cholo Iván—, el entonces comisionado general de la PF, Enrique Francisco Galindo Ceballos, llamó por teléfono al comisario Nicolás González Perrin, quien era el coordinador de la corporación en la entidad sinaloense, a quien le ordenó que indagara lo ocurrido en la casa de seguridad del Cártel de Sinaloa.

(De acuerdo con funcionarios de los servicios de inteligencia, todo lo acontecido hasta la captura del Chapo está registrado casi minuto a minuto en el protocolo que se aplicó ese 8 de enero y que se halla en poder de la PGR, la Secretaría de Gobernación y la PF.)

De inmediato, González Perrin pidió a uno de sus mandos apostado en Los Mochis que aplicara operativos de control en las carreteras de salida de la ciudad, a lo cual procedió al instalar filtros con seis patrullas y 12 agentes.

Con el antecedente de lo que ocurrió entre marinos y pistoleros del Cholo Iván, González Perrin se puso a la disposición, "en caso de requerirse su apoyo", del contralmirante del Sector Naval de Topolobampo, Salvador Miranda Orendáin, y del general Rogelio Terán Contreras, jefe de la Novena Zona Militar en la ciudad de Culiacán, a quienes se les notificó sobre los filtros instalados por la PF, cuyos elementos estaban preparados para afrontar cualquier circunstancia.

En realidad, los agentes desplegados no mostraban preocupación, pues, según un funcionario de inteligencia, "pensaron que el operativo montado era simplemente de rutina", como los que llevaron a cabo semanas antes y que no arrojaron nada fuera de lo normal, salvo que respondían al incremento de acciones sospechosas de narcotráfico.

Los federales sabían que, semanas atrás, a la zona había arribado un grupo especial de la Semar que se enfrentaba de manera frecuente con narcotraficantes de la facción del Chapo, a quien —se presumía— resguardaban y ocultaban en diversas casas de seguridad que el Cártel de Sinaloa poseía en distintas colonias de Los Mochis. La PF también asumía que la Marina deseaba capturar al Cholo Iván, jefe de plaza en Guamúchil de la referida organización criminal. No obstante, "los policías federales no estaban realmente alertados", reconoce en entrevista otra fuente de inteligencia.

Los oficiales consultados que aportaron los detalles de la captura de Guzmán Loera aún temen represalias del Cártel de Sinaloa, de modo que, por la integridad de sus familias y la suya, condicionaron su testimonio a que se les mantuviera en el anonimato, acuerdo que por supuesto se aceptó y se respetó.

Minutos después de las 9:00 horas de aquel viernes 8 de enero, el Centro de Comando, Cómputo y Control (C4) del gobierno del estado, responsable de canalizar las llamadas al 066, recibió la alerta de robo de un automóvil color rojo marca Ford, modelo Focus. Al instante el C4 anunció por radio el ilícito a todas las patrullas y unidades de la PF y sus contrapartes municipal y estatal.

Uno de los agentes que participaba en el filtro de la PF, que había estacionado su patrulla bajo un puente, vio salir de la ciudad un auto con las características que reportó el C4. Con el vehículo en la mira se comunicó con su jefe, que se hallaba a unos cuantos kilómetros de distancia del lugar, para preguntarle si creía conveniente detenerlo. No estaba seguro de que se tratara del auto robado y decidió no interceptarlo. No obstante, contactó a dos patrullas más que se ubicaban en otro punto del filtro, en el kilómetro 8.5 de la carretera Los Mochis-Guasave, con las que se coordinó para ir tras el carro en cuestión, sin la certeza de que fuera el que buscaban.

A las 9:10 horas, uno de los federales llamó a su superior y, sin ocultar su sorpresa y su nerviosismo, dijo: "Tenemos detenido el vehículo reportado como robado, pero ¡vente, jefe, vente rápido, por favor!"

En esas conversaciones —registradas en la minuta de lo ocurrido el 8 de enero de 2016— el agente de la PF que interceptó el auto rojo jamás informó a sus jefes, ni por teléfono ni por el radio de la patrulla, la identidad del conductor ni la de quien ocupaba el asiento delantero derecho.

El oficial y su compañero de patrulla casi se doblan al notar que los ocupantes del Focus rojo eran —nada más ni nada menos— El Chapo Guzmán y su lugarteniente El Cholo Iván.

Con el aplomo requerido en esas circunstancias los federales contuvieron su nerviosismo para evitar cualquier error.

Al lugar de la detención llegaron tres patrullas más de la PF —con dos elementos cada una— y 15 minutos después el jefe de grupo, a quien le anunciaron: "Aquí tenemos al Chapo y al Cholo Iván. Venían en el carro robado".

El superior, que nunca dudó de lo que le informaba su agente —en México y en el mundo la cara del Chapo Guzmán era conocida por todos, principalmente por las instancias de procuración de justicia; la del Cholo Iván igual, aunque sólo en México y Sinaloa—, caminó hacia la patrulla en la cual los detenidos ya estaban esposados, y luego de verificar que se trataba del narco más buscado del planeta, llamó por celular a González Perrin para pedir instrucciones sobre cómo proceder con el *paquete*.

—Jefe, tenemos al más buscado —reportó el comandante del grupo.

—¿Estás seguro? —contestó González Perrin, quien entendía perfectamente lo que informaba su agente.

—Sí, jefe; necesito que me apoye lo más pronto posible.

—Mándame la confirmación.

El oficial al mando regresó a la patrulla y les tomó una fotografía a ambos criminales, que luego mandó a

González Perrin (de hecho, la imagen del Chapo detenido fue la primera que el gobierno de Peña Nieto filtró a los medios de comunicación).

Con la instantánea en su poder, que de inmediato retransmitió a Galindo Ceballos, a Raúl Castillejos Solís, comisario general de la PF, y a Renato Sales Heredia, comisionado nacional de Seguridad, González Perrin —quien se encontraba en Mazatlán— se trasladó hacia Los Mochis a bordo de un helicóptero del gobierno del estado.

Antes, ordenó a un equipo especial de 70 efectivos —que bajo su mando se encontraba en Culiacán y ese fin de semana se preparaba para enfrentar en Escuinapa al grupo criminal del Gabito, jefe de esa plaza— que se trasladara sin demora a Los Mochis con el fin de apoyar a sus colegas que habían aprehendido a un criminal de altísima peligrosidad y tomar precauciones en caso de un intento de rescate por parte de la agrupación a la que pertenecía el detenido. Solicitó asimismo respaldar al general Terán Contreras y al contralmirante Miranda Orendáin.

Con El Chapo y El Cholo Iván bajo su custodia, el jefe de grupo que asumió el control de la situación a las afueras de Los Mochis decidió separar a los narcotraficantes y subirlos a patrullas diferentes. La idea inicial consistía en resguardarse en un cuartel ubicado a unos 10 kilómetros de distancia de ahí.

Los 12 agentes y su mando tomaron la carretera como si regresaran a Los Mochis, pero en realidad el destino era la instalación castrense. Esa decisión se tomó previendo que podría estar en marcha un operativo de rescate del Cártel de Sinaloa con un ejército de sicarios poderosamente armados.

En el recuento de los hechos las fuentes sostienen que en la Ciudad de México los jefes de González Perrin dudaban de que fuera cierta la captura del Chapo, sobre todo porque en el reporte que les dieron se destacaba con mayúsculas que tanto El Cholo Iván, que gozaba de la reputación de ser un asesino sanguinario y violento, como El Chapo, no opusieron resistencia a la captura. Ese aspecto alimentaba las sospechas de que el Cártel de Sinaloa ya preparaba una operación de rescate.

Sorprendentemente, cuando los interceptan los policías federales, Gastélum Cruz, que incluso iba armado, no hizo el menor intento de enfrentar a los oficiales. El Chapo Guzmán no portaba arma al momento de su arresto. Empero, la duda en la capital del país se disipó cuando recibieron la fotografía de ambos detenidos en Los Mochis. La orden federal ante esa realidad fue mover a todas las unidades disponibles hacia aquella ciudad.

Cuando se giró dicho mandato, González Perrin ya se dirigía de Mazatlán a Los Mochis y hacían lo propio desde Culiacán los otros 70 elementos de la PF.

De Sonora a Los Mochis ya volaba un par de helicópteros artillados de la clase Black Hawk, transferidos a México por el gobierno de Estados Unidos como parte de la llamada Iniciativa Mérida, constituida para robustecer la fracasada guerra militarizada contra el narcotráfico que emprendió Felipe Calderón y que después adoptó sin miramientos Enrique Peña Nieto.

Cuando apenas avanzaron dos kilómetros y medio con los detenidos, los policías federales se encontraron en la carretera con unas camionetas sospechosas que por sus características parecían pertenecer al crimen organizado de la región. El jefe de grupo pensó que dichos vehículos formaban parte de un comando que iba al rescate de los narcotraficantes, a pesar de que estos últimos no pudieron avisar a nadie sobre su aprehensión porque sus captores los inhabilitaron al instante.

Un hecho que debe destacarse por su significancia es que ambos delincuentes no portaban celulares ni radios al momento del arresto.

Entre los agentes de la PF prevalecía la inquietud de que la noticia de la captura se hubiese filtrado al Cártel de Sinaloa, considerando que una patrulla de la policía municipal que se movía en dirección a Los Mochis la atestiguó desde cierta distancia.

Por la presencia de las citadas camionetas, el jefe de grupo a cargo de los detenidos decidió cambiar de ruta. En lugar de dirigirse al cuartel se desvió hacia el motel Doux, localizado en el kilómetro 6 de la carretera Los Mochis-Nogales, a la altura de la zona de Angostura. Al llegar ordenó a sus subalternos meterse al inmueble con el fin de atrincherarse, pues intuía un enfrentamiento con sicarios. La policía municipal de Los Mochis estaba al servicio del Cártel de Sinaloa.

La patrulla que trasladaba al Chapo se metió en el estacionamiento de la primera habitación disponible del motel, y luego quedó cubierta por una cortina de plástico.

A El Cholo Iván lo dejaron afuera, en los pasillos del motel Doux, cuyas instalaciones las integran tres edificios.

Los 12 policías federales se posicionaron estratégicamente en el techo y en las inmediaciones laterales del establecimiento. Por teléfono, el jefe de grupo reportó la situación a González Perrin y le proporcionó los datos de la ubicación en la que estaban con los detenidos. González Perrin pidió que aguantaran e informó en ese instante que ya había activado el Operativo Relámpago Dorado, creado de manera previa ante la eventualidad de un posible enfrentamiento de alto impacto con el poderoso y peligroso Cártel de Sinaloa.

Ya en camino a Los Mochis, y tras terminar la comunicación con el jefe de grupo, González Perrin notifica al general Terán Contreras y al contralmirante Miranda Orendaín la ubicación del motel y les pide a ambos que envíen elementos de resguardo.

Todos en la PF temían que en cualquier instante comenzara un enfrentamiento contra un pelotón de asesinos fuertemente armados del Cártel de Sinaloa que irían a rescatar al capo.

En el motel Doux el jefe de grupo decide cambiar de habitación a Guzmán Loera sin sacarlo de la patrulla y aún esposado.

Las fuentes aseguran que las declaraciones de los policías federales que estuvieron en el motel Doux —posteriores a la captura— revelaron que, en los primeros minutos de aquellas incidencias, ya atrincherados, El Chapo intentó sobornarlos.

Del relato de una de las fuentes de los servicios de inteligencia del gobierno mexicano se desprende:

Les ofreció 10 millones de dólares en efectivo, así como negocios, y garantizó que podía juntar dicha cantidad rápidamente. Aseguró que les convenía dejarlo ir porque si no se haría un desmadre; les recriminó que había batallado mucho para quedar de nuevo libre como para que lo detuvieran policías. Insistió en lo del dinero y los negocios que les daría si lo dejaban escapar. Destacó que con los dólares que les entregaría si lo soltaban ninguno de ellos volvería a trabajar en toda su vida.

El oficial a cargo de los agentes, a quien El Chapo se dirigió directamente para ofrecer el soborno, no aceptó nada. Le respondió que su misión era entregarlo y que la cumpliría "a como diera lugar y a costa de lo que fuera".

En eso andaban cuando unos 15 soldados del ejército llegaron al motel; estacionaron un camión frente a la habitación en la que los policías tenían al Chapo dentro de la patrulla.

Otra de las fuentes entrevistadas enfatiza al respecto:

Al llegar los soldados, y luego de que se acercaron a la patrulla para ver al detenido, los policías federales aseguran que al Chapo le cambió el semblante. Que fue tangible que el criminal, por la cara que puso, se dio por perdido y ya no dijo absolutamente nada. La presencia de los militares lo intimidó y lo colocaron en su realidad.

Algunos policías federales apostados en Guamúchil, en los precisos momentos en que El Chapo estaba cautivo en el motel Doux, comenzaron a reportar que en el lugar había mucho movimiento de camionetas y que permeaba un ambiente de tensión por las calles.

Unos 45 minutos después de haber salido de Mazatlán, González Perrin llegó al referido motel en Los Mochis. El jefe de la PF en Sinaloa habló con sus subalternos y se acercó a la patrulla para verificar que era Guzmán Loera a quien habían capturado. Hizo lo mismo con El Cholo Iván.

Después de González Perrin, al establecimiento arribaron algunos elementos de la Marina, pero no del Sector Naval de Topolobampo, sino del grupo especial que esa mañana sostuvo el enfrentamiento en la casa de seguridad de Los Mochis. Al frente de los marinos estaba el vicealmirante Marco Antonio Ortega Siu. Tras la llegada de estos últimos al motel Doux, los agentes de la PF sacaron de la patrulla al Chapo y lo metieron a la habitación, desde la cual, con Ortega Siu como testigo, se le tomó la famosa fotografía al narcotraficante en la que aparece junto a un póster pegado en la pared de una mujer en traje de baño.

Al Cholo Iván siempre lo dejaron afuera, en los pasillos del motel, pero dentro de la patrulla.

Con todo el resguardo militar, naval y federal, González Perrin coordinó con sus jefes el traslado de los criminales a la Ciudad de México. La primera opción fue hacerlo en un avión de la PF, pero la propuesta se descartó de inmediato porque la aeronave más cercana de esa dependencia tardaría una hora y media en llegar.

La prioridad apremiante era sacar lo antes posible al Chapo de Sinaloa para evitar un "gran enfrentamiento" con su organización criminal. Entonces se decidió que el traslado se llevara a cabo en un avión de la Marina que "casualmente" estaba en el aeropuerto de Los Mochis.

Luego de tomarles la fotografía dentro de aquella habitación, y para trasladarlos a la aeronave militar, los marinos colocaron toallas —con el nombre del establecimiento estampado en las mismas— enredadas en las cabezas del Chapo y El Cholo Iván.

Así, cubierto de la cara, a Guzmán Loera lo subieron a una camioneta blindada de la Marina, custodiado por nueve marinos, González Perrin y el jefe del grupo que lo capturó.

El Cholo Iván iba en otro vehículo del convoy que salió del motel Doux hacia el aeropuerto de Los Mochis.

Desde la captura hasta el momento de llegar al puerto aéreo transcurrieron más de tres horas y media, tiempo suficiente para que los 70 elementos especiales de la PF que salieron de Culiacán se sumaran al operativo de resguardo.

El avión de la Marina ya estaba listo. González Perrin, el jefe de grupo y otro elemento de la PF se dispusieron a subir al Chapo y al Cholo Iván, junto con ellos. También lo abordaron el vicealmirante Ortega Siu y tres marinos más, dos de ellos vestidos de civil.

Contando al piloto y al copiloto, a bordo de la aeronave de la Semar iban seis marinos armados, tres policías federales —con González Perrin desarmado— y los dos narcotraficantes.

Las fuentes de inteligencia que recrearon esa aprehensión aclaran que lo que a continuación se narra quedó asentado en los reportes del gobierno federal.

Desde que González Perrin subió al avión nunca dejó de comunicarse con sus superiores en la Ciudad de México. Los jefes de la PF escucharon absolutamente todo lo que aconteció en la aeronave antes de que despegara del aeropuerto de Los Mochis.

El Chapo y El Cholo Iván, cubiertos de la cabeza con las toallas, y esposados, se sentaron frente a González Perrin y al vicealmirante, respectivamente.

Cuando preparaban el despegue, Ortega Siu ordenó al jefe de la PF y a sus agentes que se bajaran de la nave aérea.

Desafiante, González Perrin respondió que no; tenía el teléfono celular abierto por estarse comunicando en ese instante con los altos mandos de la PF en la Ciudad de México.

—Es nuestro detenido y no lo voy a dejar —advirtió González Perrin.

—¡Hijos de su puta madre!, ¡se van a bajar porque yo lo ordeno! —reviró irritado el vicealmirante.

El incidente desató una discusión acalorada y con jaloneos dentro del avión, de la cual El Chapo y El Cholo Iván fueron testigos mudos y ciegos. Entre manotazos, mentadas de madre y gritos, los elementos de la PF no cedieron a la exigencia de Ortega Siu.

Los jefes de González Perrin en la Ciudad de México le habían ordenado que no soltara nunca la custodia del capo.

Por varios y tensos minutos la situación no se calmaba. Si las aguas se atemperaron fue porque el vicealmirante claudicó en su objetivo y dijo a González Perrin que "estaba bien", que viajaría con ellos, pero que sólo le permitiera unos minutos en privado con su gente en la aeronave y que luego la volviera a abordar.

(¡Era una propuesta tramposa del encargado del grupo especial de la Semar que no pudo agarrar al Chapo!)

Acordaron que el jefe de grupo de la PF que capturó a los narcotraficantes bajara del avión y que sólo González Perrin y uno de sus elementos viajaran a la Ciudad de México resguardando a los delincuentes.

Así se procedió, pero cuando González Perrin se acercó a la puerta de la aeronave para abordarla de nuevo, Ortega Siu ordenó a sus elementos que la cerraran; sin embargo, el jefe de la PF en Sinaloa consiguió subirse a tiempo, según relata una fuente de los servicios de inteligencia mexicanos.

Sorprendidos por la marrullería que Ortega Siu mostró con González Perrin —y que originó otro forcejo con mentadas de madre—, abajo, los más de 80 elementos de la PF apostados en el lugar portando armas de alto poder, pero sin cortar cartucho, rodearon el avión y se colocaron frente a frente con un comando de marinos en un acto de desafío, reto y lealtad a su superior.

Los efectivos del Ejército que también estaban en el aeropuerto para presenciar y resguardar el despegue de la aeronave se posicionaron detrás de los policías federales para darles apoyo.

Casi de manera simultánea al conato de pleito entre marinos y policías federales por la custodia del Chapo, a la 13:19 horas, Enrique Peña Nieto, a través de su cuenta de Twitter, transmitió el siguiente mensaje: "Lo tenemos. Quiero informar a los mexicanos que Joaquín Guzmán Loera ha sido detenido".

Al darse cuenta de la situación que imperaba alrededor del avión, el vicealmirante Ortega Siu y su gente terminaron aceptando que González Perrin custodiara al narcotraficante más buscado y famoso del mundo en el vuelo hacia la Ciudad de México.

El recuento de los hechos expuesto por las fuentes de inteligencia indica:

El avión despegó de Los Mochis y, salvo unas cuantas preguntas que los marinos hicieron a los dos detenidos, además de unos ligeros golpes que les asestaron en la cabeza vendada con las toallas, casi todo el viaje transcurrió en un silencio absoluto y perturbador.

Originalmente se había programado que la aeronave que trasladaba al Chapo y al Cholo Iván arribara al hangar de la PGR en el Aeropuerto Internacional de la Ciudad de México, pero al aterrizar el piloto optó por llevarla al hangar de la Marina.

De acuerdo con lo narrado por las fuentes de inteligencia, por instrucciones irrevocables y estrictas de sus jefes —desde que llegó al motel Doux y hasta que se trasladó a Guzmán Loera del hangar de la Marina al de la PGR— González Perrin estuvo personalmente unas 10 horas a cargo de la custodia del legendario narcotraficante sinaloense.

El Cumbias, la madrina cantante, El Benny y El Balta

El arribo a Chihuahua de la Gente Nueva —ejército de sicarios del Cártel de Sinaloa— y la orden que recibió de arrebatarle a sangre y fuego las plazas y las rutas del trasiego de drogas en aquella región al Cártel de Juárez, se facilitaron gracias a la "bendición" de autoridades y corporaciones policiacas estatales y municipales.

En 2011 aquella entidad norteña era uno de los puntos geográficos de la República mexicana más inestables, peligrosos y con un desbordado índice de homicidios, robos, secuestros y desapariciones forzadas de personas.

La presencia del ejército patrullando las calles de ciudades, pueblos y rancherías chihuahuenses era la evidencia irrevocable de que sus habitantes vivían bajo un estado de sitio y al desamparo de las autoridades.

Fracasó la militarización decretada en el *sexenio de la muerte* de Felipe Calderón, quien ilusamente imaginó que con ella contendría el tráfico de drogas y la descomposición social que provocó la violencia relacionada con el crimen organizado a escala nacional.

La anarquía en municipalidades de Chihuahua como Juárez, Delicias, Julimes, Meoqui y Rosales, por mencionar algunas, enfatizaba lo que desde Washington, capital de Estados Unidos, denunciaba —en audiencias públicas del Capitolio— Janet Napolitano, la entonces secretaria de Seguridad Interior en la administración del presidente Barack Obama: que México era un Estado fallido porque había territorios, sobre todo en el norte del país, bajo el dominio absoluto de criminales y del Cártel de Sinaloa, principalmente.

Las afirmaciones de Napolitano irritaban tanto al gobierno de Calderón que en varias ocasiones amenazó a la Casa Blanca con restringir las actividades en territorio mexicano de las agencias de inteligencia y de seguridad de Estados Unidos, como la DEA, el FBI, la CIA, el Pentágono y el Departamento de Seguridad Interior. Pero en Washington nadie del gobierno de Obama las tomaba en serio, conocían al dedillo la realidad mexicana sustentada por el accionar del crimen organizado y el narcotráfico, y eso les garantizaba que Calderón —como ocurrió— nunca se atreviera a cumplir dicha amenaza.

En aquel tiempo el gobierno federal no tenía alternativa: sin el apoyo de las agencias de inteligencia y de seguridad estadounidenses —sobre todo sin su tecnología de punta para el rastreo y la ubicación de comunicaciones celulares y análogas— en pocas palabras estaba perdido.

La zona centro-sur de Chihuahua, como ya se documentó en un capítulo anterior, era donde el Cártel de Sinaloa y sus legiones de criminales tenían mayor presencia.

En 2011, el municipio de Rosales fue el centro de operaciones de Enrique López Acosta, *El Cumbias*, hombre de mayor confianza de Noel Salgueiro Nevárez, *El Flaco*, importante lugarteniente en la pirámide de mando del Cártel de Sinaloa y fundador de la Gente Nueva, detenido en octubre de ese año por elementos del Ejército.

De la revisión de documentos clasificados o secretos en poder de la Policía Federal (PF) se desprende la siguiente narración:

> El Cumbias, además de ser de la confianza de los capos del Cártel de Sinaloa, era conocido por sus fiestas en las cuales participaban [amenizaban] artistas de la talla de Lupillo y Jenny Rivera, así como el cantante Saúl, *El Jaguar*, oriundo de Delicias, amigo íntimo y protegido del Cumbias.

Era tal el control y el dominio que ejercía el Cártel de Sinaloa en aquella región de la entidad gobernada por el priista César Duarte Jáquez —quien estaba enterado de ello y no hacía nada para evitarlo— que los informes de inteligencia sostienen fehacientemente que El Cumbias se paseaba sin necesidad de escoltas por todos los municipios chihuahuenses, pese a que su nombre y su fotografía se hallaban desplegados en espectaculares por todo el estado, pues el gobierno federal lo consideraba uno de los criminales más buscados, incluso por Estados Unidos.

Los mismos documentos exponen que Duarte Jáquez recibió varios informes del Centro de Investigación y Seguridad Nacional (Cisen, dependiente de la Secretaría de Gobernación), sobre las descaradas actividades del Cumbias en los territorios bajo su dominio; sin embargo, el gobernador nunca les hizo caso.

Las policías estatal y municipal trabajaban para la Gente Nueva, por esa razón El Cumbias recorría y paseaba por la zona centro-sur, conduciendo un Camaro amarillo, uno de los primeros autos de lujo y deportivos de esas características vendido en la entidad, según el expediente oficial.

La muerte, el transporte y la venta de gigantescos cargamentos de mariguana, cocaína y heroína eran la sombra del Cumbias en cualquier lugar por el que pasara.

Decenas de pistoleros bajo su mando en la Gente Nueva mataban sin miramientos a sus rivales del Cártel de Juárez, a integrantes de La Línea, de pandillas, y por igual a decenas de civiles inocentes. En la región, el hedor de la muerte nutría la noción del Estado fallido, adjetivo que tanto le repateaba a Calderón.

Ante la corrupción por narcotráfico en el histórico Palacio de Gobierno de la ciudad de Chihuahua, donde despachaba Duarte Jáquez —mal que escurría sobre los mandos policiales del estado y los municipales—, el Ejército mexicano era la única alternativa para contener el reinado del Cumbias.

A semanas de la captura del Flaco Salgueiro, con información que obtuvo del mismo capo sinaloense el Ejército comenzó de inmediato, y en colaboración con la DEA, a desarrollar un plan para capturar a López Acosta.

El principal protector de este delincuente aportó datos valiosos a sus captores y a las autoridades civiles sobre los métodos de operación de los jefes de la Gente Nueva no sólo en la zona centro-sur, sino en todo Chihuahua.

Sentirse amo y señor de los policías estatales y municipales en el territorio bajo su control cegó al Cumbias, a quien la soberbia y una confianza sobrada no le permitieron palpar las alarmas que encendió el arresto del Flaco Salgueiro.

Nunca imaginó que su protector estuviese *soltando la sopa*, sobre todo a los agentes de la DEA, que le garantizaban una sentencia ligera en Estados Unidos, cuando lo extraditara el gobierno mexicano, a cambio de información sobre su gente.

Es casi natural y normal que los narcotraficantes de toda calaña aflojen la lengua ante el temor de ser extraditados al país vecino y al enfrentarse o ser interrogados por los oficiales de la DEA, que los engañan con dádivas judiciales.

El Cumbias estaba tan sobrado de poder que no reparó en la serie de riesgos y posibilidades que se desprenderían de la aprehensión de su padrino, dentro del Cártel de Sinaloa.

A finales de noviembre de 2011, y con las piezas en mano, el Ejército y la DEA armaron el rompecabezas de la estructura criminal del Cumbias.

Los documentos clasificados de la PF señalan lo siguiente:

En esos tiempos se corrió el rumor de que en próximas fechas El Cumbias llevaría a cabo una fiesta para celebrar los 15 años de su hermana Elizabeth, y se especulaba que varios artistas amenizarían el famoso aniversario.

Con el paso de los días y el cotejo de la información con diferentes fuentes (agencias de inteligencia de Estados Unidos y de México) e informantes de la DEA y el Ejército, se obtuvo la fecha en que se llevaría a cabo aquel evento, que en Rosales era un secreto a voces.

Los 15 años de Elizabeth se celebrarían el 13 de diciembre de 2011 y serían un acontecimiento sin precedentes en la región, como lo divulgaban sus organizadores.

Desde la noche del 12 de diciembre una cantidad no determinada de elementos del Ejército mexicano fuertemente armados preparaban una operación sorpresa de asalto para la captura o la anulación del enemigo.

En la madrugada del 13 de diciembre los solados se trasladaron a Rosales en camiones urbanos con el fin de no ser detectados por los círculos de seguridad o *halcones* de la Gente Nueva.

En una de las páginas del expediente secreto de la PF se lee:

La fiesta comenzó desde temprana hora en un lugar conocido como Country Club, pero no fue hasta después de las 12:00 horas que se inició el operativo y el enfrentamiento en el que el hermano del Cumbias perdió la vida y él fue detenido cuando resultó herido en el brazo que a la postre le amputaron.

Entre los invitados se dijo de manera extraoficial que se encontraba Mario Núñez Meza, *El M10*, que junto a otros criminales logró escapar, así como la madrina de la quinceañera, la cantante de música grupera Jenny Rivera.

La documentación de esos hechos y los posteriores establece que, luego del arresto del Cumbias y dos de sus subalternos, Adrián Ibarra Lara, *El Benny*, asumió el mando del territorio en manos de Gente Nueva. Este criminal, junto a otros sicarios como al que apodaban *El Virus*, reanudó las actividades delictivas como la venta de drogas al menudeo, cobro de derecho de piso, desapariciones forzadas y la ejecución de personas.

Ante el golpe que el Ejército asestó a la Gente Nueva, El Benny reclutó a funcionarios locales con el fin de que le solaparan sus actividades ilícitas; de ese modo, elementos de vialidad asumieron las labores de traslado de armas para el Cártel de Sinaloa en la región y en el estado, y también se les encomendó ejecutar a algunas personas y proveer mercancía a varios narcomenudistas.

En 2012, tras su llegada a Chihuahua, los comisarios de la PF Raúl Ávila Ibarra y Nicolás González Perrin desempolvaron el caso del Cumbias e instrumentaron diversas acciones para recabar información con el objetivo de detener a delincuentes como El Benny.

Los múltiples casos de mayor urgencia que tuvieron que afrontar les impidieron durante poco más de un año consolidar la operación de captura y desmantelamiento de la célula del Benny; sin embargo, sus agentes desplegados en los dominios territoriales del grupo delincuencial continuaban recopilando datos para cuando llegara el "día D".

El 7 de febrero de 2013, en el rancho La Granja, en Rosales, bajo la dirección y el comando de González Perrin, el equipo de reacción de la PEU llevó a cabo un operativo de captura en contra de la banda criminal de Ibarra Lara.

Previamente, el Grupo de Análisis bajo las órdenes del agente estatal Jaime Avilés Castañeda recabó información de inteligencia que sostenía que El Benny era visitante frecuente de La Granja, sitio desde el cual coordinaba las actividades ilícitas del bastión de la Gente Nueva a su cargo.

Ese mismo día elementos de la PEU se trasladaron a las inmediaciones de La Granja y descubrieron que el objetivo se hallaba en el lugar junto con varios cómplices. Estaban conscientes de que para detenerlos se requería el uso de armas de alto poder que les fueron autorizadas y con las cuales consiguieron su cometido.

En el expediente secreto de la PF se excluyeron las páginas que consignan los detalles de este enfrentamiento armado; no obstante, de su demás contenido —para la elaboración de este capítulo— se desprende que, al término de la operación, quedaron en custodia de la PEU El Benny; Francisco Javier Rentería, *El Cuervo* o *El Negro*; Francisco Javier Carrasco Montañés, *El Prieto* o *La Margara*; Diego Rafael Márquez Osorio, *El Güero*; Cristian Alberto Cardiel Zúñiga, *El Pollo*, y Rosalío Fábila Beltrán, *El Chalío*, todos integrantes de la Gente Nueva.

En la operación —a cargo de González Perrin— se confiscaron un AK-47, una pistola escuadra 9 milímetros, un rifle de asalto R-15, una pistola escuadra 45, una granada de fragmentación, 20 cargadores de diferentes calibres, 568 cartuchos útiles, 10 envoltorios de mariguana, uniformes de varias corporaciones policiacas, dos chalecos antibalas y un vehículo Nissan modelo Tsuru.

Tras su captura, El Benny reveló a la PEU los nombres de los servidores públicos locales que trabajaban para él en las actividades de narcotráfico, sicariato, extorsión, cobro de piso y demás ilícitos. Señaló como sus empleados a los oficiales de vialidad y de la policía municipal. Con estos datos la PEU —y especialmente su grupo de análisis— logró validar las investigaciones que vinculaban a los agentes de la ley con los *levantones* y homicidios de integrantes de La Línea y de otras pandillas asociadas al Cártel de Juárez, utilizando las unidades y los equipos a su cargo.

Gracias a esos aportes investigativos corroborados, el ministerio público autorizó el arresto de los siguientes funcionarios asociados con la Gente Nueva:

– Moisés Romero Jáquez, *El Moy*, de 51 años, comandante operativo de la policía municipal de Rosales, que tenía tres años en la corporación. Bajo las órdenes del Benny este policía criminal realizaba labores de *halconeo* y recabación de datos policiales, detenciones de sujetos de bandos contrarios, a quienes en ocasiones asesinaba directamente El Benny. Por estos servicios El Moy recibía 15 mil pesos a la quincena.

– Mónico Almanza Gómez, *El Mónico*, de 39 años, originario de Delicias, fungía como policía municipal y cumplía órdenes del Moy, quien le pedía llevar a cabo *levantones* a cambio de 100 mil pesos cada uno como pago.

– Guadalupe Ibarra Meléndez, *La Menona* o *El Ibarra*, policía municipal; se encargaba de vigilar y brindar seguridad en puntos de venta de droga, además de la detención de miembros de grupos contrarios al Cártel de Sinaloa.

– José Ely Sánchez Morales, *El Ely*, de 26 años, originario de la ciudad de Chihuahua, agente de vialidad del municipio de Rosales; se desempeñaba como *halcón* de la Gente Nueva en una estación de venta de gasolina.

– Alfredo Alemán López, *El Alemán*, policía municipal de Rosales, con ocho años de servicio, cumplía órdenes del Benny, como *halcón*, cuando en la zona se detectaba presencia policial ajena a la nómina de pagos de la Gente Nueva.

Respecto al total de bajas en el enfrentamiento los documentos de la PF refieren que hubo "alrededor de seis víctimas pertenecientes a la banda delictiva".

Con los interrogatorios a varios detenidos los mandos de la PEU recabaron información valiosa sobre otros elementos policiacos que conformaban la red de corrupción por narcotráfico en la zona centro-sur del estado.

El Grupo de Análisis llevó a cabo varias investigaciones encubiertas, al igual que el de Reacción, bajo la tutela de González Perrin.

Datos en poder de la PEU confirmaron que Javier Domínguez Rodríguez, comandante operativo de la policía municipal del seccional San Juanito, municipio de Bocoyna, recibía como pago 2 mil pesos semanales por "no interferir en las acciones delictivas" que encabezaba César Delgado Galaviz o Baltazar Espino Fuentes, *El Balta*, jefe de plaza de La Línea en esa región del norte del país.

El Balta y su grupo de delincuentes extorsionaban a diversos negocios, como gasolineras, tiendas de abarrotes y pequeños comercios, así como a unos 20 aserraderos de la región de Bocoyna. Su tarea consistía en brindar la protección necesaria a los integrantes de La Línea para que cumplieran sin contratiempos sus responsabilidades criminales.

Con esos datos en su poder, el Grupo de Reacción de González Perrin montó un operativo de captura camuflado. A pocos días del arresto del Benny, el comisario de la PF y sus agentes de la PEU viajaron a la ciudad de Chihuahua rumbo a Bocoyna para materializarlo.

La estrategia consistió en usar vehículos utilitarios civiles —para el traslado a la zona— con logos de empresas inexistentes en sus puertas, seguidos de cerca por unidades *balizadas* (patrullas) con el fin de establecer un operativo de resguardo y ataque.

La medida precautoria obedecía a que González Perrin sabía que La Línea contaba con un reguero de *halcones* sobre la ruta y por varios puntos de importancia geográfica de la Sierra Tarahumara. Su intención era distraerlos con los autos civiles de modo que descuidaran sus plazas de vigilancia y facilitaran el acceso al punto de operación a las unidades balizadas.

El plan surtió el efecto esperado. Cuando los agentes vestidos de civiles arribaron al pueblo en el que ubicaron la casa del Balta, por las calles sólo circulaban carros civiles conducidos por policías estatales sin uniforme; parecía que se desplazaban por un pueblo fantasma.

El expediente secreto de la PF de nueva cuenta anuló detalles sobre las horas previas a la realización del operativo. No describe qué ocurrió entre el recorrido de los estatales vestidos de civiles en autos civiles y la llegada de las unidades balizadas.

Sólo resalta lo siguiente:

Se giraron órdenes a los elementos de inteligencia para ubicar a los objetivos. En su cumplimiento se trasladaron a la zona 2 [nombre clave que se le asignó a la casa de seguridad de La Línea] donde fueron emboscados por El Balta y su gente. Los miembros de la PEU repelieron la agresión.

Por lo descrito se asume que cuando La Línea comenzó a atacar a los agentes de la PEU camuflados de civiles, las unidades balizadas con las que viajaba González Perrin ya habían llegado al lugar de los hechos.

En el expediente clasificado se establece:

Al escuchar las ráfagas de las armas, y siendo un poblado pequeño, en menos de dos minutos los elementos encabezados por González Perrin, en una acción rápida de rescate, rodearon a la célula delictiva conformada por El Balta y cuatro de sus escoltas. Todo esto se desarrollaba mientras a la distancia el comandante de la policía municipal vinculado a La Línea, y vestido de civil en su calidad de *halcón*, observaba todo al mismo tiempo que

173

por radio informaba de los pormenores a otras células del Cártel de Juárez.

En la refriega con disparos de arma de alto poder, cinco delincuentes fueron eliminados, aunque sólo a tres se les pudo identificar. Los narcotraficantes abatidos eran El Balta, de 42 años; Roberto Arturo Gándara Estrada, de 27 años —lugarteniente de Espino Fuentes— y Javier Alexis Arzola, de 18 años.

No hubo sobrevivientes entre los criminales, ni bajas ni heridos en los agentes especiales de la PEU.

Tras el éxito del operativo también se consiguió capturar posteriormente a Luz María Olivas Barraza, de 24 años, pareja sentimental del Balta, quien se encargaba de cobrar las cuotas de extorsión en aserraderos, gasolineras y pequeños negocios.

En aquella casa de seguridad los agentes de la PEU confiscaron tres R-15, dos AK-47, un revólver Magnum calibre 357, un fusil 308, otro HK 5.56 × 45, una pistola calibre 38 especial, otra calibre 9 milímetros, 155 casquillos percutidos calibre 223 (del R-15), un casquillo calibre 5.56 × 45, 20 uniformes tácticos, fundas y fornituras, dos chalecos antibalas, una camioneta pickup Ford 150 modelo 2004, color azul, con reporte de robo; un automóvil Dodge Ram 2500, modelo 2012, color blanco, también con reporte de robo, y un Ford Mercury modelo 2002, color gris; 7 mil pesos y 117 dólares que fueron localizados entre las pertenencias de uno de los abatidos.

Caso El Menon, El Menonita o El Canadiense

En 2013, con el aval de la más alta jerarquía del Cártel de Sinaloa, la facción bajo las órdenes del Chapo Guzmán y sus hijos, integrada por asesinos a sueldo y narcotraficantes que conformaron la Gente Nueva, aún libraba una batalla a muerte con las células remanentes de su contraparte en Chihuahua, La Línea, frente de defensa y cumplimiento de ejecuciones del Cártel de Juárez.

Para entonces casi todas las plazas y la rutas utilizadas en aquella entidad para traficar drogas a Estados Unidos ya estaban en poder del Cártel de Sinaloa. El dominio de los sinaloenses en puntos estratégicos para ese propósito —como Ciudad Juárez, por compartir frontera con El Paso, Texas— originó entre sus filas disputas por asumir los mandos y ganarse la confianza de los patrones.

Se sospecha que dichas rencillas las provocaron de manera deliberada los verdaderos jefes del Cártel de Sinaloa: Ismael *El Mayo* Zambada, Juan José Esparragoza, *El Azul*, y el propio Joaquín *El Chapo* Guzmán, con el propósito de eliminar a ciertos elementos que habían acumulado poder y experiencia en el trasiego de drogas, antes de que pretendieran independizarse o unirse a las bandas enemigas.

El pleito en el seno de la Gente Nueva causó la muerte a miles de personas en Ciudad Juárez y en Chihuahua, entre otras ciudades, pueblos y rancherías de esa entidad.

Muchos delincuentes de La Línea y otros que pertenecían a pandillas aliadas al Cártel de Juárez —así como cientos de elementos "desechables" de la Gente Nueva— fueron ejecutados de diversas maneras por órdenes de los capos de capos de Sinaloa.

Algunos sobrevivientes de esa guerra sangrienta aseguran que miles de ejecutados en esos años de disputa por la plaza de Juárez yacen en fosas clandestinas a lo largo y ancho de la frontera que aquella ciudad mexicana comparte al norte con los estados de Nuevo México y Texas, de la Unión Americana.

Un sicario que integró las filas del Cártel de Juárez —que ahora se considera rehabilitado por el cristianismo a pesar de que se acredita más de 300 asesinatos durante su carrera delictiva— me contó:

Si el gobierno mexicano se pusiera a escarbar nada más en la franja fronteriza de Ciudad Juárez con Estados Unidos, no alcanzarían los forenses del país ni los estadounidenses para cumplir con las labores de identificación de los miles y miles de personas enterradas bajo la arena de ese desierto que sirve muy bien para esconder a la piltrafa humana.

(Algo que no es posible corroborar, pero quizá ayude a dimensionar la crisis humana que impera.)

En aquellos tiempos, criminales de renombre como Mario Núñez Meza, *El M10*, los hermanos Ismael y Julián Chaires Hernández y Gabino Salas Valenciano, *El Ingeniero*, entre otros, libraron esa disputa interna por la plaza dentro de la Gente Nueva.

Salas Valenciano fue tal vez uno de los últimos mandos de esa facción en quien el triunvirato del Cártel de Sinaloa depositó toda su confianza. Sin embargo, a principios de agosto de 2013 cayó abatido en un enfrentamiento en Valle de Juárez, durante un operativo especial que la Procuraduría General de la República (PGR) llevó a cabo atendiendo información de inteligencia que le proporcionó la Administración Federal Antidrogas (DEA) de Estados Unidos, bajo el cobijo de la llamada Iniciativa Mérida.

La célula operacional del Cártel de Sinaloa que dirigía El Ingeniero nunca quedó acéfala tras su eliminación. Su segundo de abordo, Carlos Alberto Wiebe Jurado, emergió de inmediato como el nuevo jefe, con la aprobación de los capos en Sinaloa.

Por su aspecto físico, y por tener nacionalidad canadiense —además de la mexicana—, a Wiebe Jurado se le conocía en el mundo del narcotráfico como *El Menon*, *El Menonita* o *El Canadiense*.

Durante esa guerra por el control de Ciudad Juárez —y a raíz de la muerte del Ingeniero, y de la posterior captura del Chapo Guzmán en Mazatlán, el 22 de febrero de 2014—, Carlos Alberto Wiebe se posicionó como cabeza de la Gente Nueva y estableció una nueva logística para introducir droga a Estados Unidos, que gustó a sus jefes porque rendía muchas ganancias.

El Menon, utilizó la zona del Valle de Juárez para intensificar el trasiego de narcóticos hacia El Paso, en lugar de las rutas tradicionales y más disputadas de Ciudad Juárez. Lo hizo imponiendo el terror entre los habitantes de la región.

Por un breve periodo, el gobierno federal consideró que la facción liderada primeramente por El Ingeniero y después por El Menon se había transformado en una nueva organización de narcotraficantes a la que denominó Cártel del Valle de Juárez.

Carente de las destrezas operativas para la exportación ilegal de drogas a Estados Unidos, que sí poseían sus enemigos internos —en la Gente Nueva— y externos —en el Cártel de Juárez—, El Menon, que sólo era operador logístico, abandonó la zona con la cola entre las patas para ocultarse en la ciudad de Chihuahua, ante el temor de ser eliminado por el Cártel de Sinaloa o por otros elementos de su facción.

Los métodos de recopilación de información de inteligencia que en la capital del estado aplicaban los comisarios de la Policía Federal (PF) Raúl Ávila Ibarra y Nicolás González Perrin detectaron la presencia de un "empresario canadiense" que actuaba muy diferente al perfil tradicional de un hombre de negocios.

Los documentos clasificados del caso señalan que dentro de la Policía Estatal Única (PEU) dirigida por ambos agentes se reportó de inmediato que, a su llegada a la capital, el "empresario canadiense instaló varios negocios, y entre éstos, un bar en la Zona Dorada, antro con el que pretendía pasar desapercibido ante la sociedad y las autoridades locales y federales".

El instinto policial de Ávila Ibarra y González Perrin para detectar a un criminal los impulsó a idear un operativo de seguimiento al singular empresario canadiense, tarea que encomendaron al agente estatal Jaime Avilés Castañeda, jefe del Grupo de Análisis de la PEU. En cuestión de días ubicaron varios negocios del Menon y los comisarios federales ordenaron que comenzara la vigilancia de manera discreta.

Aquel bar de la Zona Dorada era el preferido del Menon, por tanto fungía también como su centro de operaciones. Como en otros operativos similares, la PEU infiltró en el local a uno de sus agentes del Grupo de Análisis, que fue contratado como mesero, posición desde la cual, durante casi un mes, pudo verificar la constante presencia del delincuente en el lugar.

En pocas ocasiones El Canadiense se asomaba por la barra o por las mesas de su negocio; más bien pasaba casi todo el tiempo en una oficina oculta a los clientes.

El agente encubierto pudo tomarle fotografías con su celular sin que se percatara. Constató también que desde el bar operaba negocios ilícitos, traficaba drogas y que de ahí a otras negociaciones suyas se trasladaba en una camioneta pickup Ram color guinda.

De manera estratégica, cerca del bar la PEU montó un *plantón* que vigilaba a Wiebe Jurado las 24 horas del día. El narcotraficante se empecinó en mantener un perfil bajo al llevar a cabo sus actividades ilegales en la ciudad de Chihuahua; de ese modo instaló sus negocios en dos colonias populares: Valle de la Madrid y Los Pinos, zonas de la capital con alta incidencia delictiva.

Antes de autorizar el operativo de captura, los comisarios federales corroboraron con la PGR —y con sus propios agentes apostados en la ciudad y en el Valle de Juárez— la información obtenida sobre el empresario, hijo de padre canadiense y madre mexicana. No querían cometer ningún error.

En el proceso encontraron que El Menon tenía una ficha roja emitida por la PGR, que ya lo buscaba por delincuencia organizada, secuestros y delitos contra la salud. No sólo eso: al contrastar los datos con sus colegas estadounidenses se enteraron de que la DEA también lo perseguía por conspiración y posesión de drogas para su exportación a la Unión Americana.

La PEU no podía perder tiempo; a poco más de un mes de que iniciara la investigación de inteligencia y seguimiento diario a través del agente infiltrado en el bar, el Grupo de Reacción —a las órdenes de González Perrin— estaba listo para capturar al delincuente.

Con la certeza de saber que Carlos Alberto Wiebe Jurado era en realidad un narcotraficante internacional significativo y no un simple dueño de negocios de medio pelo, el 28 de marzo de 2014 González Perrin preparó a un pequeño grupo de agentes con más experiencia en la interceptación de vehículos en movimiento.

El plan consistía en detener al Menon en su camioneta de carga mientras se trasladaba de uno de sus negocios a otro.

Fiel a su intención de pasar desapercibido ante las agencias policiales, el criminal nunca se hizo acompañar de escoltas mientras estuvo en Chihuahua.

Por la mañana de ese 28 de marzo, en la esquina de las calles de Puebla y Buenaventura, en la colonia Valle de la Madrid, elementos de la PEU detuvieron a Wiebe Jurado sin hacer un solo disparo y sin enfrentar acciones violentas.

Al momento de su arresto, los agentes le encontraron un teléfono celular y una credencial de elector, que confirmó la identidad del que fuera lugarteniente de la Gente Nueva en la ciudad y en el Valle de Juárez.

Para sorpresa de los comisarios de la PF, Carlos Alberto Wiebe Jurado tembién contaba con una orden de aprehensión emitida por el juzgado sexto de distrito —en Chihuahua— en materia de procedimientos penales federales, por su involucramiento y participación en el trasiego de drogas dentro del Cártel de Sinaloa.

Índice onomástico

Administración de Control
de Drogas (DEA), 26, 28,
43-46, 48, 52, 57-59, 66,
140-143, 162, 165, 166,
177, 180

Agencia Central de
Inteligencia (CIA),
140-142, 162

Alejo Cadena, Juan
Gabriel, 73

Alemán López, Alfredo,
El Alemán, 171

Almanza Gómez, Mónico,
El Mónico, 170

Alvarado Méndez,
Guillermo, 121

Andrade, José Lorenzo, 138

Artistas Asesinos, Los, 68

Arzola, Javier Alexis, 174

Ávila Ibarra, Raúl, 23, 24,
26-28, 44, 57, 59, 61, 62,
63, 77, 84, 90, 93, 94, 99,
100, 106, 107, 125, 127,
129, 130, 133, 168, 179

Avilés Castañeda, Jaime,
23, 44, 57, 58, 67, 93, 125,
168, 179

Aztecas, Los, 24, 25, 31-34,
36, 107, 115

Barraza Bocanegra, Sergio
Rafael, 21

Beltrán Leyva, Héctor, *El H*,
75, 77, 83, 85

Beltrán Leyva, los, 77, 78, 85

Buró Federal de
Investigaciones (FBI), 33,
57, 59, 66, 140, 162

Cabrera, los, 41

Calderón Hinojosa, Felipe,
10, 21, 39, 45, 46, 53, 69,

72-75, 83, 124, 151, 161, 162, 164

Cardiel Zúñiga, Cristian Alberto, *El Pollo*, 169

Carrasco Chávez, Javier Guadalupe, 121

Carrasco Montañés, Francisco Javier, *El Prieto* o *La Margara*, 169

Carrillo Fuentes, Amado, *El Señor de los Cielos*, 52

Carrillo Fuentes, Vicente, *El Viceroy*, 103, 106

Cártel de Jalisco Nueva Generación (cjng), 41, 43, 53, 60, 66-69

Cártel de Juárez, 22, 33, 40, 41, 43, 47, 51, 53, 55, 60, 66, 67, 69, 78, 87, 103-106, 109, 110, 117, 120, 123, 161, 164, 170, 174-176, 178

Cártel de Sinaloa, 10, 26, 38-42, 44, 53, 55, 56, 57, 65-69, 78, 87, 88, 103, 123-125, 127, 130, 133, 134, 139, 140, 145-147, 150-153, 161-163, 166, 168, 170, 175, 177, 178, 182

Cártel del Golfo, 72

Cártel del Pacífico Sur, 75, 76, 83-85

Cártel del Valle de Juárez, 178

Castillejos Solís, Raúl, 150

Centro Federal de Readaptación Social (Cefereso), 55

Chaires, hermanos, 42

Chaires Hernández, Ismael, 177

Chaires Hernández, Julián, 177

Chávez Olivas, Antonio, *El Cepillo*, 111

Chávez Vázquez, Jesús, 73

Centro de Inteligencia Policial (cipol), 19

Coronel, Emma, 142

Delgado Galaviz, César, 171

Departamento de Seguridad Interior (Estados Unidos), 162

Domínguez Rodríguez, Javier, 171

Duarte Jáquez, César, 17, 18, 24, 33, 59, 60, 84, 91, 94, 124, 130, 163, 164

Ejército Zapatista de Liberación Nacional (ezln), 29

Ejército, 39, 42, 56, 94, 134, 139, 159, 163, 165, 166

Escobedo Ortiz, Marisela, 21-25, 27, 30-37, 121

Esparragoza Moreno, Juan José, *El Azul*, 40, 175

Espino Fuentes, Baltazar, *El Balta*, 161, 171-174

Esquivel García, Cristian Martín, 100

Estrada Hernández, María del Socorro, 73

Fábila Beltrán, Rosalío, *El Chalío*, 169

Flores Morán, Héctor Miguel, *El Payaso*, 22-25, 33

Flores Olivas, Jorge Ernesto, 92

Frayre, Rubí, 21, 22, 30, 31

Galindo Ceballos, Enrique Francisco, 146, 150

Gándara Estrada, Roberto Arturo, 174

García, Gonzalo, *El Chalo*, 103

García Luna, Genaro, 10, 11, 13

Gastélum Cruz, Iván, *El Cholo Iván*, 145-151, 153, 155-158, 160

Gente Nueva, 47, 67, 68, 87, 88, 103, 104,124, 125-127, 129, 130, 134, 138, 161, 163-165, 167- 171, 175- 178, 181

Gómez Martínez, Erick, *El Manitas*, 87-101

González Perrin, Nicolás, 23-28, 44, 57, 61, 77-82, 84, 90, 91, 93, 95, 97, 99, 100, 106-108, 112, 116, 118, 125, 127, 131, 146, 149-151, 153, 155-159, 168, 169, 171-173, 179, 181

Guardia Nacional, 9, 11, 13, 14

Gutiérrez, César Candelario, *El 80*, 138

Gutiérrez, Evelario, *El 40*, 138

Gutiérrez, Juan Luis, *El R2*, 126, 138

Guzmán, Joaquín, *El Chapo*, 13, 20, 40, 41, 43, 53, 66, 68, 127, 133, 139-160, 175, 178

Guzmán Zúñiga, Antonio, *El Brad Pitt*, 103

Hernández Nájera, Javier
	Arturo, 38. *Véase*
	también Killer, El

Ibarra Lara, Adrián, *Benny,*
	El, 161, 167-172
Ibarra Meléndez, Guadalupe,
	La Menona o *El Ibarra*,
	170

Jaimes Avelar, Álvaro, 73
Jiménez Lugo, Édgar,
	El Ponchis, 83, 84
Jiménez Zaval, José Enrique,
	31, 33, 34. *Véase también*
	Wicked, El

Killer, El, 29, 30, 34, 38. *Véase*
	también Hernández
	Nájera, Javier Arturo

Lerma Ruiz, Óscar Daniel, 99
Leyva Rodríguez, César Iván,
	92
Línea, La, 22, 31, 33, 38, 40,
	43, 50, 65, 67, 87, 88, 92,
	93, 95, 100, 103-113,
	115-117, 120-122, 164,
	170-173, 175, 176
López Acosta, Elizabeth, 166

López Acosta, Enrique,
	Cumbias, El, 161, 163-168
López Obrador, Andrés
	Manuel, 9, 11
Luquín Delgado, Luis,
	El Jabón, 76, 82

M, Los, 55-58, 64-69
Mancinas García, Jesús
	Manuel, 92
Márquez Marrufo, Aldo
	Armando, 99
Márquez Osorio, Diego
	Rafael, *El Güero*, 169
Marrufo, José Antonio,
	El Jaguar, 41
Menchos, Los, 43
Meneses, Alejandro Arturo,
	92
Mexicles, Los, 68
Mingos, Los, 41, 43
Miranda Orendaín, Salvador,
	146, 150, 153
Montoya Delgado, Armando,
	92

Napolitano, Janet, 162
Núñez, Jesús, *El Chuyito*, 43
Núñez Meza, hermanos,
	65, 68

Núñez Meza, José Fidel,
    El M12, 40, 41, 45, 52,
    55-58, 60, 62-68
Núñez Meza, Mario, *El M10*
    o *El Mayito*, 39-53, 55-58,
    64-68, 167, 177

Obama, Barack, 145, 162
Olivas Barraza, Luz María,
    174
Olvera Ortiz, Melody
    Carolina, 120
Ortega Siu, Marco Antonio,
    155, 157-159
Oseguera Cervantes,
    Nemesio, *El Mencho*, 41

Pentágono, 162
Peña Nieto, Enrique, 11,
    75, 140, 142-144, 150,
    152, 159
Pequeño García, Ramón
    Eduardo, 143, 144
Policía Estatal Única (PEU),
    17, 18, 19, 23-30,
    33-35, 38, 43, 44, 45-53,
    56-66, 68, 77-82, 84, 85,
    90-92, 94-100, 106-117,
    119-122, 125-130, 134-
    138, 168-169, 171-174,
    179-181

Grupo de Análisis, 23, 44,
    46, 47, 57, 58, 59, 61, 77,
    79, 80, 92-94, 113, 125,
    168-169, 171, 179
Grupo de Reacción, 17, 18,
    49, 50, 60, 61, 63, 64,
    77-79, 81, 91, 95-96, 99,
    108, 110, 112, 116, 118,
    130-133, 172, 181
Policía Federal (PF), 9-14,
    18-20, 39-44, 46, 47, 49,
    53, 55, 56, 65, 68, 75-77,
    83, 87, 89, 90, 93-95, 98,
    100, 105-109, 111, 112,
    116, 121, 126, 132, 134,
    142, 144-153, 155-159,
    163, 166-169, 171-173,
    179, 182
División de Inteligencia,
    143
Proceso (publicación), 74, 141,
    142
Procuraduría General de
    Chihuahua, 91
Procuraduría General de la
    República (PGR), 143, 144,
    146, 160, 177, 180

Radilla Hernández, Julio
    César, *El Negro*, 75,
    76, 84

Ramírez Castillo, Joaquín,
121
Rentería, Francisco Javier, *El
Cuervo* o *El Negro*, 169
Rincón Chavero, Jesús
Antonio, *El Tarzán*, 103
Rivera, Jenny, 163, 167
Rivera, Lupillo, 163
Romero Jaimes, Julio César,
73
Romero Jaimes, Luis
Antonio, 73
Romero Jáquez, Moisés,
El Moy, 170

Salas Valenciano, Gabino,
El Ingeniero, 42, 177, 178
Sales Heredia, Renato, 150
Salgueiro Nevárez, Noel,
El Flaco o *El M11*, 40, 41,
163, 165
Sánchez Morales, José Ely,
El Ely, 170
Sandoval Seáñez, César,
Chanate, 111, 112
Sandoval Seáñez, Juan Carlos,
El Sabritas, 103-112, 115,
117, 118, 120-122
Saúl, *El Jaguar*, 163
Secretaría de Gobernación
(Segob), 146, 164

Centro de Investigación
y Seguridad Nacional
(Cisen), 94-96, 98,
99, 164
Secretaría de Marina
(Semar), 139-145, 147,
157, 158
Armada de México, 139
Marina, 39, 134, 139,
141, 145, 147, 155-157,
160
Servicio de Control de
Inmigración y Aduanas
(ICE), 141
Sicilia Ortega, Juan
Francisco, 71, 73-75, 77,
82, 83, 85
Sicilia, Javier, 71, 73-76, 81,
83, 85, 86
Subcomandante Marcos, 29
Sureños, Los, 107

Taboada Valenzuela, Ángel
Salvador, *El Conejo* o
El Gato, 71, 76-85
Terán Contreras, Rogelio,
146, 150, 153
Trump, Donald, 145

U.S. Marshals (Estados
Unidos), 26, 28, 45-49,

52, 57, 58, 60, 62, 63, 66, 140, 141

Vázquez, Víctor, 142, 143
Villalobos Lozano, Manuela, 91, 92, 99

Wicked, El, 25-38, 109, 121. *Véase también*, Jiménez Zaval, José Enrique

Wiebe Jurado, Carlos Alberto, *El Menon, El Menonita* o *El Canadiense*, 175-182

Zambada García, Ismael, *El Mayo*, 40, 41, 43, 55, 66, 68, 175
Zetas, Los, 30, 31

Operaciones secretas de la Policía Federal de J. Jesús Esquivel
se terminó de imprimir en mayo de 2022
en los talleres de
Impresora Tauro, S.A. de C.V.
Av. Año de Juárez 343, col. Granjas San Antonio,
Ciudad de México